AF150784

Wilhelm Borsdorf

Die Burg im Claris und Laris und im Escanor

Wilhelm Borsdorf

Die Burg im Claris und Laris und im Escanor

ISBN/EAN: 9783743427785

Hergestellt in Europa, USA, Kanada, Australien, Japan

Cover: Foto ©ninafisch / pixelio.de

Manufactured and distributed by brebook publishing software
(www.brebook.com)

Wilhelm Borsdorf

Die Burg im Claris und Laris und im Escanor

Seinem Vater

dankbar zugeeignet

vom Verfasser.

In der altfranzösischen Literatur sind es die Abenteuerromane, welche zu den besten Quellen für kulturhistorische
Verhältnisse des französischen Mittelalters zählen. Denn,
während diese Denkmäler inhaltlich oft nur eine Folge lose
aneinandergereihter ziemlich konventioneller Geschehnisse
von mässigem Interesse sind, werden wir durch eingestreute
reiche Schilderungen des höfischen Lebens und Treibens
schadlos gehalten. Es ist, als ob sich die Dichter in der
Ausmalung der damaligen Zustände nicht genug thun können;
sie führen uns das öffentliche wie das private Leben jener
Epoche, freilich nur innerhalb gewisser immer eingehaltener
Grenzen, in ziemlicher Vollständigkeit vor Augen.

Dafür legen auch die beiden letzten vom Stuttgarter
Literarischen Verein publicirten Abenteuerromane Zeugniss
ab: Li romans de Claris et Laris, herausgegeben von
Dr. Johann Alton. Tübingen 1884. (Vergl. Tobler, D. L. Z.
1885, Spalte 573, Förster, C. Bl. 1885, Spalte 247, Mussafia
Lit. Bl. f. germ. u. rom. Phil. VII 1885 S. 286) und der
Roman von Escanor von Gerard von Amiens, herausgegeben
von Dr. H. Michelant. Tübingen 1886. (Vergl. Tobler,
Z. f. rom. Phil. Bd. XI. S. 422.)

Obwohl die beiden angeführten Werke ihrer gesammten
Anlage nach grundverschieden sind, ergiebt sich doch jedes
Mal ein bedeutender kulturhistorischer Gehalt, der sich nur
dem Plane des einen und des anderen Dichters gemäss ver-
schiedenartig gestaltet. In der zuerst genannten Dichtung
begleiten wir die Haupthelden Claris und seinen von ihm
unzertrennlichen Freund Laris, sowie viele Nebenpersonen

auf ihren Fahrten und mannigfachen Abenteuern; der uns unbekannte Verfasser ist daher veranlasst, eine grosse Anzahl von Burgen, diese Mittelpunkte des ritterlichen Lebens, vor- zuführen. Im Escanor sind es der Abenteuer verhältniss- mässig wenige, und die Begebenheiten spielen sich auch nur an wenigen Orten ab, an welchen der Dichter länger ver- weilt und die er uns deshalb zum Theil genauer kennen lehrt. In beiden Romanen hat aber gerade die Burg eine besonders eingehende Berücksichtigung erfahren; es ist deshalb in der vorliegenden Arbeit der Versuch gemacht worden, alles hier auf dieselbe Bezügliche zusammenzustellen.

Es kommt uns dabei zu statten, dass beide Werke un- gefähr gleichzeitig verfasst sind; wir können daher feststellen, welcher Art die Schilderung der Burg zu Einer und zwar bestimmten Zeit war. Der Escanor ist nach Tobler, Z. f. rom. Phil. XI 422, zwischen den Jahren 1272 und 1290 gedichtet; der Dichter des Claris und Laris begann, nach dem Herausgeber S. 863, sein Werk im Jahre 1268, vom Mai an gerechnet.

Ein Jahrhundert war etwa vergangen, seitdem Chrestien's Dichtungen erschienen waren. Er legte den Nachdruck auf die Beschreibung der Burg selbst, vor Allem des Palas; hier wird ausführlicher auf die Schilderung der landschaftlichen Lage der Burg eingegangen, auch von dem Garten immerhin mehr gesagt, als bei Chrestien. Sind diese Umstände nicht zufällig, so liegt es nahe, an ein Zunehmen des Naturgefühls zu denken. Inwiefern dieses Moment für unseren Zweck in Betracht kommt, werden wir versuchen weiter unten ausein- anderzusetzen.

Ein anderer Unterschied in den kulturhistorischen Ver- hältnissen, wie wir sie bei Chrestien einerseits, im Claris und im Escanor andererseits vorfinden, liegt in der Steigerung begründet, welche Luxus und Verfeinerung im Laufe eines Jahrhunderts erfahren hatten. Wenigstens lassen Beschrei- bungen eines so kostbar eingerichteten Zimmers, wie das des Brianz 15578 ff. im Escanor oder auch wie das des Laris bei den Feen, wo Pfeiler aus Bernstein erwähnt werden, wie sie im Chrestien nicht vorkommen, auf eine solche Steigerung schliessen. —

Die Burg ist die befestigte ritterliche oder fürstliche Wohnung. Die Befestigung ist dabei wesentlich, daher die Aeusserung Durmarts, als er das Mühlenschloss von Limeri erblickt, Durmart le Galois ed. Stengel, Tübingen 1873.

> 10896 „Par deu," fait mesires Durmars,
> „Por les murs et por les cretealz
> Quidai, que ce fust I. chasteaz."

In der Burg konnte sich daher der Burgherr mit den Seinen zur Zeit der Gefahr bergen; da waren auch seine Schätze am besten aufbewahrt,

> Cl. 4158 Sus la roche siet .I. chastel,
> Qui merveilles iert fort et bel.
> Merlins le fist et compassa
> Et grant tresor i amassa,

Für die Burg finden sich zunächst folgende Ausdrücke angewendet, im Escanor: chastel, manoir, im Claris: chastel, chastelet, forterece, manoir. Im Claris ist eine merkwürdige Vermischung dieser Wörter eingetreten: chastel, chastelet, manoir vertreten sich gegenseitig, für chastel steht auch forterece. Chastel ist natürlich in beiden Romanen am häufigsten angewendet.

> Esc. 21658 en un manoir
> Cl. 8685 Est a I. chastelet venuz,
> 8755 Une nuit traist de ce chastel,
> Cl. 17913 Atant I. chastelet trouverent
> 17916 Tant que droit au chastel parvindrent,
> Cl. 24227 Atant I. chastelet choisi,
> 24230 Vient au chastel droite sa voie,
> Cl. 18780 Puis issurent du chastel fors.
> 19900 Qu'au chastelet tot droitement
> Le forestier se herbergerent,
> Cl. 4158 Sus la roche siet I. chastel,
> 4280 XV. jours dedenz son manoir,
> Cl. 18130 De quoi li manoirs ert fermez.
> 18222 Vint au chastel I. mes errant,
> Cl. 8880 . . vers une forterece
> D'un chastelet, ...
> Lors a defors aparceu
> Cil du manoir,

Ferner

> Cl. 2685 A I. chastel de haut afaire.
> 2820 Tout droit devers la forterece,

An einer anderen Stelle wird zwischen chastel und chastelet unterschieden:

> Cl. 11595 .... I. chastelet
>
> Dejouste I. petit bosquelet;
> Molt estoit assis richement
> Et s'iert fermez si noblement,
> Con nus chastiaux porroit melz estre,
> Et si ot dedenz trop bel estre.

Es geht daraus hervor, dass das chastelet weniger stark befestigt war, als das chastel.

Was forterece anbetrifft, so ist es dem Dichter des Claris auch in anderer Bedeutung bekannt:

> 18908 La grant cite devant eus virent
>
> . . . .
> . . . .
>
> Voient pales, choisirent sales,
> Mainz ostieux, qui ne sont pas sales
> Voient dedenz les forvereces.

Hier scheint forterece Befestigung zu bezeichnen. Das Wort bedeutet auch detachirtes Fort, und bezieht sich in der Verbindung mestre forterece oder la plus mestre forterece auf einen gewissen Theil der Burg; wir kommen später auf beide Bedeutungen zurück.

Den Ausdruck recet, welcher in unseren Romanen wiederholt vorkommt, deutet jetzt A. Schultz: Das höfische Leben zur Zeit der Minnesinger. Zweite Auflage. Leipzig 1889. S. 50. Anm. 2, als ein mit leichten Vertheidigungswerken geschütztes Herrenhaus. Einige weitere Belegstellen sind:

> Esc. 1703 a ardoir viles et maisonz,
> reches, chastiauz et garnisonz

wo reches neben chastiauz genannt werden.

> Esc. 11698 „Dont venez vouz, biax sire, ainsi?"
> dist la bele. „Ne vous anuit,
> „bele, d'un recet ou a nuit
> ay geu et a nuit gerrai.
>
> Cl. 8558 Mes de son braz forment se delt,
> Qui par mi li ert peçoiez.
> Vers un recet s'est adreciez.
> Fors del bois, (siens ert ligement)
> La nuit i prist herbergement,
> Bien a fait son braz atorner;

Das rechet genannte Herrenhaus scheint demnach mehr zu gelegentlichem Aufenthalt gedient zu haben. Von einer

Befestigung ist hier zwar nicht die Rede, aber gegen einen Handstreich war es sicherlich geschützt. Dies lehrt auch eine Stelle des Chev. au Lyon ed. Förster:

> 8778 D'un fort recet a un baron,
> Qui clos estoit tot anviron
> De mur espes et fort et haut.

Ebenso wenig wie rechet, wird der „Thurm" chastel genannt, auch er ist wohl nur ein kleineres Herrenhaus, die Besatzung daher nur eine geringe.

> Esc. 8962 une tor desuz l. rivage

er gehört einem Ritter, von dem es heisst:

> 9189 n'avoit que le nain de putaire
> Colivres en sa compaingnie
> et une vielle rechingnie
> et VII. valles qui chastre furent.
> Avoec lui laienz ne manurent
> pluz de genz fors cele danzele
> qu'il avoit . . . . .
> roubee etc.

Mehrere Stellen lehren, dass dieser „Thurm" mit einer Mauer umgeben war.

> Cl. 2341 Atant de la tor s'aprocherent,
> Par la porte dedenz entrerent;
> Atant sont andui descenduz
> Et ont leur deus chevaus renduz
> A II. vallez, qu'il encontrerent.
> II. autres varlez les menerent
> Par les degrez en une sale;

Dieses Thor setzt eine Mauer voraus.

> Cl. 21621 Li chevaliers iert en la tour,
> Qui de murs iert fermee entor;

Wie überall, so bezeichnet natürlich auch hier tour den einzelnen Thurm der Burg.

Was unter bourc zu verstehen ist, geht aus der folgenden Stelle nicht klar hervor; doch passt auch hier die stehende Bedeutung des Wortes, auf welche mich Herr Prof. Tobler gütigst aufmerksam macht, Komplex von Häusern.

> Cl. 10042 Et par sa tres grant tricherie
> Avoit le bourc pris et conquis
> Et le premier seingnor ocis.

Repaire Heimath, Aufenthalt, wird mehrere Male in Bezug auf die Burg gebraucht, und zwar werden kleinere und grössere Burgen in gleicher Weise darunter verstanden.

Esc. 2668 . de chevauchier s'apresta
    tant qu'a I. sien repaire vint;
Esc. 21568 chascunz ala a son repaire.
Esc. 9188 Et sachiez bien qu'en cel repaire
    von der tor 8962.
Cl. 10040 Car sires iert de ce repaire
    vergl. 10032.

Fermete, manage, mansion beziehen sich hier jedenfalls auch auf die befestigten Herrenhäuser.

Esc. 1661 chastiauz, viles et fremetez,
Cl. 5089 chastiaus ne bours ne fermete
Esc. 14834 lor repaires et lor manages
    qui pres de cele forest furent;
Esc. 13675 Cil Bianz Escanors fu granz honz,
    riches de grandes mantionz,

Dass auch von jeder Burg ostel, maison oder fort maison gesagt werden kann, braucht nicht erst belegt zu werden und versteht sich nach der von der Burg gegebenen Definition von selbst.

Die Lage der Burg.*)

Um zunächst zu ermitteln, wo die Burgen angelegt waren, wird es nöthig sein, zu fragen, welche Rücksichten sich für die Wahl des Bauplatzes einer Burg als massgebend erwiesen.

Gab es da etwa ästhetische Gründe, sah man auf Schönheit der umgebenden Landschaft? Wir wissen, dass der mittelalterliche Mensch Freude an gewissen einfachen Erscheinungen in der Natur hatte, an Frühling und an Blumen, an grüner Haide und an Wald. Wenn oben von einer möglicherweise eingetretenen Steigerung des Naturgefühls die Rede war, so soll und wird sich das auf nichts Anderes beziehen, als darauf, dass der Mensch seine Theilnahme an den Erscheinungen der Natur erweitert hatte; sein Reich war gleichsam ein grösseres geworden, seinem inneren Auge erschien eine grössere Fülle von Elementen. Dieses war die

---

*) Anm.: Im Verlaufe der Arbeit wird auch auf die Stadt Bezug genommen werden, sobald sie zu einem chastel gehört, sollte auch nur der Palas erwähnt werden. Die Gründe dazu sind später zu entwickeln.

Vorstufe zu der später eintretenden Vertiefung des Naturgefühls. Chrestien gewährt nur wenige Angaben über die
die Burg umgebende Landschaft, hier liegen reichhaltige Be-
schreibungen derselben vor, und es lässt sich wohl daraus, dass
Wasser, Wald, Wiese, Feld und Gebirge nebeneinander gestellt werden, entnehmen, dass man gegen den Reiz in
diesem Wechsel nicht gleichgültig war. Dagegen ist die Auffassung des landschaftlichen Bildes nach Nähe und Ferne
auch hier, in der Dichtung, noch nicht vorhanden. An Stellen,
wo sich ein moderner Dichter schwerlich versagt haben würde,
auf die Landschaft einzugehen, fehlen hier entsprechende
Schilderungen. Von den Fenstern hochgelegener Burgen
schaut man herab, ohne dass von der Aussicht die Rede
ist, z. B.

> Cl. 18742 Et puis aus fenestres monterent
> Pour regarder par la contree.
> . . . .
> Vers la montee d'une angarde
> Claris, li cortois, se regarde
> Et voit II. chevaliers venanz,
>
> Cl. 21098 Li rois Tallas iert aus fenestres
> Du chastel, droit aus plus hanz estres,
> Pour veoir parmi la contree;
> . . . .
> Li rois Tallas choisi Claris etc.
>
> Cl. 28744 Aus mestres fenestres seoient,
> Par la contree regardoient,
> Voient l'enseigne de Bretaigne
> A l'avaler d'une montaigne; etc.
>
> Durm. 583 A une fenestre s'apoie.
> Voit el pre l'erbe qui verdoie,
> Voit le tens bel et le jor cler, etc.

Hat man also für den landschaftlichen Reiz noch keinen
Sinn gehabt, so waren doch die einzelnen Erscheinungen der
Umgebung und die Abwechselung zwischen ihnen dem Ritter
nicht gleichgültig; allein dieser Gesichtspunkt kam bei der
Wahl des Bauplatzes einer Burg jedenfalls erst in zweiter
Reihe in Betracht.

Wichtiger für die Burg war es, dass Feld, Wiese,
Wasser und Wald die Möglichkeit des Ackerbaues, der Vieh-
zucht, der Fischerei und der Jagd gewährten. Von der
Fischerei wird es ausdrücklich gesagt.

Cl. 21717 Jouste les prez est la riviere,

. . . .

Poissons i a a grant plente,
Dont il ont a lor volente.

Auch wählt man gern ein Terrain, welches Gartenbau,
besonders den Anbau des Weines erlaubt:

Cl. 2089 Li chastiaus ert en I. vignoble,
Mes dusques a Costentinoble
Ne trouvast l'en nul mielz assis;
D'autre part ert li bois massis,
La praierie, la riviere,
Qui ert assez grant et pleniere;
D'autre part sont les bergeries,
Li jardin et les graieries.

Cl. 18111 La maison iert en une pree
Lez une grant riviere lee,
Seur la riviere ert li vignobles,
Granz iert et biaux et assez nobles;
La maison iert close et roonde
D'un des plus biaux paliz del monde;
Dedenz sont les herbergeries
Et entor les gaaigneries
Et li bois a la destre part
Lonc ce, que la riviere part.

(Li chastiaus)

21706 . . . . trop seoit en riche terre
Et plenteive (so statt plenteine) et riche et fort
Et s'iert fermez en I. regort
De mer lez une praierie;
Vignoble de grant seignorie
Avoit en une des parties;
Et d'autre part ierent basties
Les forez de tens ancien:
Li g[a]aignage est d'autre part
Lonc ce, que la terre se part; (Sinn dies. Verses?)

Von einem chastel, welches auf einem Hügel zwischen
zwei Flüssen liegt, heisst es:

Esc. v. 15010 les bois, les vignes, les paissieres
erent entour a la roonde:

Von einem andern:

Esc. 16297 et leur moustra ses praeries,
ses jardinz et ses faeries
on il avoit mout de deduis;

Weniger schön, aber immer noch anziehend, ist die Lage
von Traversses; vor dem Berge, auf dem es gebaut ist, dehnt
sich eine grasreiche Ebene, Feld und Wald aus.

Esc. 21106 (fist . . .) de son sanc si la pree oindre
que l'erbe en fu tainte et vermeille.

21255 la pree et l'erbe fu tainte
und 18790 car parmi le haut bois se mirent

ferner:

18895 et se mirent du bos au plain
19039 Lors chevauchierent sanz arest
en I. plain dalez la forest
ou trop bele champaigne avoit.

Burgen, in deren Nähe entweder Feld oder Wiese,
Wasser oder Wald liegt, kommen im Claris zahlreich vor.
Besonders häufig treffen wir Burgen an, welche von Wald
umgeben sind.

Cl. 21096 Quant la dame du chastel voit
Celui, ...
El champ vient

vergl. 21060 Voler le (für li Förster) fet en mi la pree;
und 21062 Qui sor l'erbe chiet ledement;

Cl. 2325 Atant ont une tor choisie,
Qui seoit tres en mi la pree;

Cl. 518 Atant un chastel aviserent,
Qui ert en mi le bois assis;

Cl. 9412 Vers un chastiau clos de palis,
Qui ert en mi I. bois assis;

Umgekehrt war es manchem Ritter jedenfalls darum zu
thun, in öder und mithin einsamer Gegend zu wohnen; er
lebte da ungestörter und brauchte streitsüchtige Nachbarn
wenig oder nicht zu fürchten. Dies war für einen minder
begüterten Herrn, welcher eine grössere Mannschaft nicht zu
unterhalten vermochte, ein keineswegs zu unterschätzender
Vortheil. Doch muss dieser Beweggrund für die Wahl des
Bauplatzes einer Burg wohl als eine Ausnahme bezeichnet
werden; er war wichtigeren Rücksichten untergeordnet, zumal als die abgeschiedene Lage in einem öden Landstrich
auch mancherlei Nachtheile mit sich brachte, sah man es doch
nicht ungern, wenn die Burg von fahrenden Rittern und von
Sängern besucht wurde, und liebten doch die grösseren Herren
dort Feste zu feiern, wofür eine entlegene Burg wenig geeignet
war; dazu traten dann noch materielle Unbequemlichkeiten. So:

Cl. 4801 I. chastel en une lande,

Cl. 24227 Atant un chastelet choisi,
Qui seoit en mi une lande;

obwohl hier, wenngleich eine ausdrückliche Bestätigung

fehlt, Wasserburgen vorliegen können, und somit ein fester
Massstab für den Antheil, welchen jener Grund an der Entscheidung für den Bauplatz einer Burg gehabt hat, nicht
vorhanden ist. Bei anderen Burgen vollends ist dieser An-
theil noch zweifelhafter. Am wichtigsten war es für den Ritter, dass seine Burg
schon durch ihre natürliche Lage möglichst geschützt war.
Selten, etwa nur, wenn eine der genannten Rücksichten
massgebend war und möglicherweise Wasser in der Nähe lag,
wovon hier indess nichts gesagt wird, legte man die Burg in
der Ebene an.

> Cl. 18385 . . . . s'acheminerent
> A I. chastel, qu'il aviserent
> En une trop bele champaigne;

Burgen am Saume eines Waldes oder im Walde selbst,
waren je nach den Umständen von einer, von mehreren oder
von allen Seiten gedeckt. Wurfmaschinen konnten nur nach
Niederlegung eines Theiles der Bäume an die Mauern heran-
geführt werden.

> Cl. 11595 . il choisist I. chastelet
> Dejouste I. petit bosquelet;
> Cl. 13811 Et vers I. chastelet aler,
> Qui ert dejouste une forest.
> Cl. 20677 . . . . I. chastel trouve
> En l'oreille d'une forest;

Günstiger war es, wenn sich die Burg an einen Berg
oder an einen felsigen Abhang anlehnen konnte. Die Höhe
des Berges oder des Felsens musste unzugänglich sein, widrigen-
falls man sich, wie bekannt, durch ein Vorwerk zu sichern
genöthigt war.

> Cl. 17913 . . I. chastelet trouverent
> En l'oriere d'une montaigne,
> Ainsi chevauchent par la plaigne,
> Tant que droit au chastel parvindrent,
> Cl. 25106 Dejouste I. coing d'une montaigne
> Voit I. chastel en une plainne,
> Cl. 3349 En I. trop ruiste desrubant
> Jert li chastiaux en I. pendant;

Einige dieser Burgen sind auf einer anderen Seite zugleich von einem Flusse geschützt, wodurch ihre Lage eine
noch festere wurde.

> Cl. 24107 Ydiers en une grant valee
> A une riviere trouvee;

Ydiers vers la riviere broche;
Lors a choisi lez une roche
I. chastel fort et bien seant,
Mes fors des murs n'en ot niaut
Fors que forest et terre gaste;

also umgeben von Wald und von ödem Lande.

Cl. 12182 I. chastel desouz une angarde
Choisi seant trop richement
Lez la riviere droitement;

Gern suchte man die Annäherung an die Burg noch mehr zu erschweren. Man legte sie auf einem Berge oder auf einem Felsen an, wo mit Wurfmaschinen nichts auszurichten war. Dass es auf das letztere ankam, sieht man deutlich aus einer gelegentlichen Aeusserung:

Cl. 10305 Et assis est en tel maniere,
Qu'il ne craint assaut ne perriere.

Die Höhen, auf welchen wir die Burgen antreffen, sind sehr verschiedener Art; vom Hügel bis zum gewaltigen umfangreichen Berge, auf dem zugleich die ganze zum Schloss gehörige Stadt Platz hat, sind allerlei Abstufungen vertreten.

Durm. 5205 Tant a erre et chevachie,
Qu'il voit I. grant mur batillie
Et une haute tor quaree
Qui sor I. mote ert fermee;

Esc. 21656 Li Biauz Escanors se r'ert mis
hors de la vile en I. destour,
en I. manoir a une tour,
trop bien ferme, en I. haut tertre

Cl. 1004 Li chastiaus ert en une esgarde,

Cl. 12964 Ainsi vers I. chastel s'avoie,
Qui seoit en une montaigne;
Par desouz en une grant plaine
Choisi molt grant chevalerie,
Qui sor I. rin s'estoit logie;

Cl. 14619 Luiserne voient, la cite,
Et les hauz murs d'antiquite,
Qui seoient en la montaigne,

vergl. 14996 Au mestre pales assemblerent,

Während hier nur etwa ein Gehölz, ein Gestrüpp oder ein Bach als in der Umgebung der Burg liegend erwähnt werden, befinden sich einige Höhenburgen, der Beschreibung nach, mitten im Walde; so wohl

Cl. 10228 Parmi la forest haute et grant
Erra le jor sanz detenue,

Tant que la nonne fu venue.
Lors choisi I. chastel a destre,
vergl. 10237 Li chastiaux est en une angarde.

und zur Vervollständigung des Bildes

       12239 Par delez en une valee
             A une grant ost avisee,
Cl.   3341 Atant en la forest entrerent
vergl. 3347 Vers I. mont vienent merveillox,
            La ert li chastiaux perilloux;
Cl.   4149 Tant chevaucherent par devis,
            Que Roche Perdue aprocherent,
            Mes onques ne la raviserent,
            Tant qu'il parvindrent a la porte,
            Car la forest iert haut et forte
            Et espesse trop durement;
            Pour ce ne pot on clerement
            Voir la roche en nule maniere
            Ne par devant ne par derriere.
            Sus la roche siet I. chastel,
            Qui merveilles iert fort et bel.

Andererseits finden wir hier auch Burgen vor, welche von stehendem Gewässer, von einem Fluss oder wenigstens theilweise, vom Meere umgeben sind: die sogenannten Wasserburgen. Auch sie waren schwer angreifbar, etwa nur nach Zuschüttung eines Theiles des Wassers oder im Winter, wenn das Wasser gefroren war; Flüsse von starker Strömung und das Meer erlaubten die Annäherung nur mit Schiffen, was nicht ohne Gefahr war. Da hatte denn der Herr der Burg wenig zu fürchten und so verlockten von Wasser, auch von Sumpf umgebene Plätze leicht zur Anlage von Burgen. Am günstigsten war es, wenn die stehenden Gewässer breit und tief waren, womöglich mit besonders gefährlichen Stellen, Sumpflöchern. Die Kunst mochte dann der Natur noch durch Schleusenvorrichtungen zu Hülfe kommen, vermittelst deren einem stehenden Gewässer grössere Wassermengen zugeführt werden konnten. Ein Fluss sollte möglichst gross sein und starke Strömung haben.

Esc. 14965 et s'ert en I. mares trop fort
         et si parfont que par effort
         n'avoit li chastiax d'ome garde
         pour tant que l'en s'en presist garde.
         Car se cil de laienz vaussissent,
         une grant riviere fesissent
         corre parmi, trop perilleuse

et si inale et si anicuse
que nuz ne s'i osast embatre;
car courre en III. lix ou en IV.
le fesissent sauz les crollieres
qu'il i eut parfondes et tieres
et trop males, ...
. . ne peust nuz III. pas
entrer dedanz que las ne fust,
ainz que d'ilueques se meust.

Durm. 4304 Il chevace tant [et] (nach Tobler) esploite,
Qu'il voit le chastel de Morois
Qui ne dote contes ne rois,
Ne nus ne le puet aprochier
D'une liue por assegier;
Quar de mares et de croliere
Estoit fermes en tel maniere,
Que nus nel pooit assaillir;

Esc. 8961 il vit au devaler d'un mont
une tor desuz I. rivage

vergl. 8965 et Kez de cele part s'avoie
et fist tant c'a cele tor vint:
mais a muser lors (für hors, Tobler) li covint,
car n'i trova gue ne passage,
fors l'aigue parfonde et sauvage,
si noire et si espoentable
que cil eust bien le deable
el cors qui dedenz se mesist,
se tantost noier ne vausist.

Das schon angeführte manoir

Cl. 18111 La maison iert en une pree
Lez une grant riviere lee,
vergl. 18128 Et par devant et par derriere
Avoit estans et granz et lez
De quoi li manoirs ert fermez.

Esc. 24510 apres rechevauchierent tant
qu'il s'en vindrent a une vile
trop bien seant a I. fort ille,

wo sich der Palas des Bel Escanor befindet
24711 . . . . el palais vint
Cl. 8622 . . I. chastel aprocha,
. . . .
Clos iert d'une riviere grande:

Von einem Chastel heisst es:

Cl. 21708 Et s'iert fermez en I. regort
De mer lez une praierie;
vergl. 21717 Jouste lez prez est la riviere,
Graut et corant et fort et fiere;

2

Einige Burgen vereinigen die Vortheile einer hohen Lage
und der Umgebung durch Wasser.

Esc. 15008 Et seoit . . . . .
en I. pui, entre II. rivieres.

Esc. 17790 mais onques vile miex seoir
ne virent en noble montaigne
und 17806 la mers dont c'ert mult grant noblece
couroit d'une part environ.

wozu der Dichter bemerkt
17797 Li chastiax ert tant deffensables
et si biauz et si delitables
c'a veoir ert trop noble chose:

Ferner;

Cl. 22706 Li chastiaus sict en une roche,
Trop par est forz a desmesure,
Entor est la valee oscure;
Une aigue i court trop merveilleuse
Et a toutes genz perilleuse;
Li Laiz Hardiz voit la riviere,
Qui tant est perilleuse et fiere;

Die Fülle von Angaben unserer Dichter zeigt, wie sorg-
fältig man die Terrainverhältnisse geprüft haben muss, bevor
man zur Anlage einer Burg schritt.

Schliesslich kommt, ausser den jeweiligen örtlichen Umständen, auch die geographische Lage in Betracht; jene waren
dieser untergeordnet. Der Ritter oder der Fürst legte die
Burg so an, dass sie innerhalb seines Besitzthums oder seines
Landes eine beherrschende Stellung einnahm, was am besten
möglich war. wenn dieselbe inmitten seines Territoriums lag.

Cl. 10309 Et il seoit en mi sa terre,

Cl. 20464 En Danemarche la contree,
A. I. chastel de renommee;
El mi leu seoit de la terre,

Esc. 15003 Enmi sa terre en avoit I.
si bel au tesmoing de chascun etc.

cfr. 15008 et seoit droit enmi sa terre
en I. pui etc.

In einem Falle liegt ein ganzes Vertheidigungssystem
vor; zu dem eben genannten Chastel kommen nämlich noch
andere hinzu.

v. 14992 si qu'a chascun cor de sa terre
ot I. autre chastel fait faire
pour corre sus et por mesfaire
ses anemis, quant il pooit.

Auf diese Weise waren auch die Grenzen gegen die Feinde geschützt.

Mit dieser dominirenden Lage der Burg hängt es zusammen, dass man sich bei der Eroberung eines Landes zuerst der Burgen zu bemächtigen sucht; so verrätherischer Weise Ayglinz:

> Esc. 9458 Ainz traist devers lui erraument
> les chastiax trop soutivement
> et garni bien de ses amis,
> Cl. 29360 Li rois Artus saisi la terre,
> Ne treuve qui l'en face guerre;
> Par tout a saisi les chastiaux,
> Dont il i a assez de biaux;

Bei einigen Burgen, welche an Flüssen liegen, könnte man daran denken, dass sie dazu bestimmt sind, diese wichtigen Handelsstrassen zu decken. So in dem folgenden Beispiel, wo zugleich eine Stadt an dem Flusse liegt.

> Cl. 11401 ... un chastel ...
> Qui seoit sor une riviere.
> Une vile grant et pleniere
> Jert desouz le chastel fermee
> Sor la riviere grant et lee.

Was die kleineren Herrenhäuser anbetrifft, so entsprachen sie theilweise nur der „Solitude" des XVIII. Jahrhunderts; es kam daher darauf an, einen stillen wohlgelegenen und nur gegen einen plötzlichen Ueberfall gesicherten Platz für sie ausfindig zu machen.

> Esc. (nachdem von dem manoir des Bel Escanor die Rede gewesen, hors
> de la vile en I. destour; er zieht sich dahin zurück:)
> v. 21660 pour ce qu'il i avoit noble estre
> et vergier mult bel et mult gent;
> et pour ce qu'il ert loing de gent.

Die versteckte Lage des Manoir an der folgenden Stelle dient auch dazu, es vor einem Handstreich zu schützen.

> Cl. 8840 Ci delez en une vaucele
> A I. manoir,

Wenn möglich, sollte auch innerhalb des für die Burg in Anspruch genommenen Terrains eine Quelle liegen. Bei einer Höhenburg war dies besonders wichtig, vergl. A. Schultz, höf. Leben. 2. Aufl. Bd. I, S. 19, Anm. 2, welcher ein Beispiel aus dem Cl. beibringt; die Quelle liegt da innerhalb der Mauern, wird mithin in erster Reihe dazu bestimmt sein,

2*

das Trinkwasser für die Besatzung zu liefern, wogegen sie in den folgenden Fällen offenbar zu wirthschaftlichen Zwecken dient:

> Cl. 2988 Euviron (um die Burg) ot mainte fontainne;
> Cl. 18121 Molt iert . . . . . .
> . bien ouvree la porprise,
> Car la dedenz ert la fontaine,
> Dont l'eve estoit et clere et saiune,
> Et s'en coroit granz li ruissiaux;

Es sei erlaubt, hier eine Quelle zu erwähnen, in welche ein Ritter eine Jungfrau zur Strafe für vermeintliche Untreue bringen lässt. Die Quelle ist klar und kalt,

> Cl. 21590 La fist metre en une fontainne,
> Dont l'eve iert bele et clere et saiune,
> Mes froide iert trop a desmesure,
> Enjusque desus la ceinture

und wird auf Befehl des Ritters mit einer Mauer umgeben.

> 21601 Pour ce, que mielz fust afermee,
> Fist li chevaliers la fontaine
> Fermer de mur, qui tant est saiune,
> O riches feuestres de fer;
> N'a si fort maufe en enfer,
> Qui les fers peust depecier,
> Car il sont soude en acier.

Durch die vergitterten Fenster fällt Licht auf die Quelle. Sie befindet sich in der Nähe eines dem Ritter gehörigen Thurmes, was daraus erhellt, dass der Ritter vom Thurme aus den nach der Quelle kommenden Gaheriez erblickt.

> 21617 A la fontainne sont venu,
> Mes par les murs sont retenu,
> N'i orent pooir d'adeser,
> Dont durement lor pot peser.
> Li chevaliers iert en la tour,
> Qui de murs iert fermee entor;
> Bien a Gaheriez ven.

Befestigung.

Die natürliche Befestigung der Burg wurde durch eine künstliche verstärkt. Palissaden, Graben und Mauer folgten von aussen her aufeinander und bildeten den unmittelbaren Schutz der Burg. In der Umgebung suchte man ausserdem noch kleinere Festungen anzulegen; etwas derartiges scheint Forterece zu bezeichnen in dem vorliegenden Beispiel:

Cl. 8879 Ainsi s'en va par une adrece
Tont droit vers une forterece
D'un chastelet qu'il a veu;

Durmart befestigt das Ende der Schleuse mit einem Holzthurm, welcher nun für das Mühlenschloss Limeri ein Vorwerk bildet.

13037 Car la u li escluse faut
Vuet li Galois drecier en haut
Une bertece defendant
Et bares lancies (? vielleicht plancies, d. h. plan-
[chiees nach Tobler) avant.

Das die Burg unmittelbar umgebende Terrain war rasirt, damit sich der Feind nicht unbemerkt heranschleichen konnte. Auf diesem ebenen Raume konnten leicht Kämpfe statthaben, sie kommen hier sehr zahlreich vor.

Cl. 12696 Li Laiz Hardiz se regarda,
Car il oi ouvrir la porte.
Sor l. cheval qui tost le porte,
S'en ist uns chevaliers armez,

cfr. 12747 li chevaliers le desfie
Et point vers lui lance beissie(e).

Cl. 12855 Atant a ouverte la porte;
Seur l. cheval, qui tost le porte,
Ist li sires fors du chastel
Et tient son escu en chantel;
A sa voiz haute lor escrie:
„Chevaliers, mes cors (statt cuers nach Tobler)
[vos desfie!"
Atant s'en vient vers ax poignant etc.

Ferner v. 24725 ff., 26768 ff.

Esc. 15110 „Dites moi, Keu,
dist Brianz, „quel gent vienent ca,
car je sai bien c'ore passa
granz gens suz ce pas par l'escluse."

ce dist Kez: „Mesires i muse,
li rois Artuz qui la m'atent
cfr. v. 15277 car la place est et granz et lee
por faire une tele mellee,

am Rande ist dieser Platz sumpfig,

vergl. 15326 lors se traist vers la mareschiere
en I. peu de plain qui la fu,

Gelegentlich finden sich, nicht weit von dem Eingange
der Burg, ein paar Bäume, an denen der Ritter sein Ross
befestigen kann. Von Claris und Laris heisst es:

Cl. 3422 Des chevaus a terre descendent,
A bien lier forment entendent
A II. arbres, qu'il ont trovez.
Cl. 22733 A I. chesne son destrier loie,
Parmi le pont aqueult sa voie;

Bäume vor der Burg dienen gelegentlich auch zum
Henken, falls nicht sogar ein Galgen da errichtet ist.

Cl. 695 Noz III. barons la porte ouvrirent, etc.
und 711 Mes uo chevalier le nain prirent,
La hart entor le col li mirent,
Plus fu a I. arbre penduz;

wohl auch

Cl. 23943 Einsi vers le chastel l'enmainent,
De lui honte faire se painent;
Ja fust a I. arbre penduz,
Se Gauvains fust I. pou tenuz,
Cl. 5295 Et li citeain les poursirent
·Tant, qu'el chastel les embatirent.
Puis sont aus forches retorne,

Vor der Burg hielt man sich vielfach der Erholung
wegen auf.

Cl. 25726 Li baron ainsi chevaucherent
Tant, que le chastel aprocherent,
Ou la bele dame manoit;
Devant sa porte se tenoit
Contre la nuit por soi esbatre,
O lui chevaliers dusqu'a quatre.
Durm. 6217 Ains qu'il soit el chastel entres,
A les X. chevaliers troves
Devant la porte cha defors,
Iluec desduisoient lor cors.
Les X. puceles i estoient,
En mi I. prael se seoient
Desos une vigne trellie etc.

Die Burg ist nun zunächst von einer äusseren Palissadenreihe umgeben, Palis oder Plesseiz genannt.

    Cl.   9412 Vers un chastiaus clos de palis,
    Cl. 18115 La maison iert close et roonde
                D'un des plus biaux palis del monde:
    Cl. 12662 Lors choisi en I. pleisseiz
               I. chastel de bele faiture;

Pleisseiz Verhau wendet der Dichter des Esc. auch an,
wo es sich nicht um die Verschanzung einer Burg handelt.

    13145 En cel bois, lez cel tailleis,
            et poez ja el plaisseis
            qui est deca entre II. vauz
            veoir et honmes et chevauz:

Die Palissaden bestehen aus Pfählen und Holzblöcken.

    Cl. 24574 A une fort maison trouvee.
              De paliz iert close environ,
              Mainte estache et maint cheviron
              Avoit entor a la roonde;

An einer Stelle eines späten Denkmals Cuv. du Guesclin,
1450, Charrière, angeführt von Godefroy unter baille, heisst
es von den Palissaden, bailles, dass sie aus Tannenholz be-
ständen.

               Bertran s'en est venus aux bailles de sapin.

Vermuthlich hat man auch anderes Holz dazu verwendet.

Barre und lice bezeichnen auch dieselbe erste Vertheidi-
gungsreihe; in den beiden folgenden Versen scheinen sie
identisch:

    Cl. 28276 No baron a la barre tienent
         28291 Li douze, qu'aus lices se tienent,

Dagegen sind sie verschieden

    Cl. 21723 Par la barre droit vers la lice;

und offenbar liegen an den folgenden Stellen mehrere Palissaden-
reihen vor, wie schon aus dem Epitheton mestre, welches
barre gegeben wird, hervorgeht:

    Cl. 14945 Li chevalier vers les portaus
     .   Des lices couper se travaillent,
    vergl. 14952 Aus lices est granz li estors,
    und 14967 Par force les lices perdirent:
              Aus mestres barres sont venu,
    Cl. 28262 Li roys Tallas aus lices vint,
              Une grant hache en sa main tint
              Pour la mestre barre trenchier,
    vergl. 28270 Cil XII. fors du chastel vindrent,
              A la mestre barre se tindrent;

Barre bezeichnet im Cl. auch den Thorbalken, s. Schultz,
Bd. I., S. 34, Anm. 8. Lices kennt Gerard auch in der
Bedeutung ‚Schranken.'

> Esc. 217 barbacanes, loges et lices
> et eschafanz et biax et riches
> sour coi les dames monteront
>
> Esc. 3818 les lices ne furent pas seules
> de chevaliers ne d'autres genz
> ainz i vint mainz chevaliers genz
> qui la jouste esgarder voloit.

Cloie, haise, roilleis sind gleichfalls Ausdrücke für die
Palissaden.

> Durm. 5577 A main destre voit I. chastel,
> Horde estoient li cretel, (hier Komma)
> D'aiz (so vermuthlich statt d'uiz „mit Brettern"
> [nach Tobler) et de cloies tot entor.
>
> Renard, Bd. III. 149, Martin, bei Godefroy unter haise:
> Si vint a son chastel tout droit
> Ou sa maisnie l'atendoit
> Qui assez avoit grant mesese.
> Renars i entre par la hese.
>
> Partonop. 2119, bei Du Cange unter roillic:
> Pantoise est casteaus bon et bel
> De mur de cauc et de quarel
> A peus et a grans roilleis.

Schliesslich sei hier des defois gedacht, welches Förster
als ein Vertheidigungswerk, Godefroy daneben auch als
Palissade erklärt.

> Cl. 1859 Car ses chevaus en I. defois
> Chai trop douleureusement,

Die Palissaden sind mit Holzthürmen, Bretesches, versehen, welche die Annäherung an dieses erste Vertheidigungswerk abwehren sollen; dass diese Thürme aus Holz bestehen,
zeigt das Beispiel einer isolirt errichteten Bretesche:

> Durm. 13034 Ensenble o le Galois s'en vont,
> XL. serjant les siwoent,
> Estaches et cloies portoient;
> Car la u li escluse faut
> Vuet li Galois drecier en haut
> Une bertece defendant
> Et bares plancies (s. o.) avant.

Diese Holzthürme sind mit Zinnen gekrönt, vergl. das
Beispiel aus dem Rou 3⁰ p., 4327 Andresen, bei Godefroy
unter Bretesche:

Entor ont bretesches levees,
Bien planchies et kernelees.

Die Zwischenräume der Zinnen dienen den Schützen als Schiessscharten.

Cl. 18241 Laienz a IV. aubalestiers,
Dont chaucun monte volentiers
A la bretesche por defendre,

Dass die Palissadenreihe hier, wie bei Chrestien, einmal s. H. Doerks, Haus und Hof in den Epen des Chrestien von Troies, S. 4, mit einem Graben versehen war, ist wenigstens wahrscheinlich, Die Trenchiees, welche zu dem Schlosse der Königin Blanche gehören, sind wohl die Gräben der Mauer, nur dass diese letztere auf der Höhe des Felsens errichtet ist.

Cl. 1232 Mes rois Nador molt les demainuc,
Dusqu'a la trenchiee les mainne.
Mes li somier ja i estoient,
Droit vers le chastel s'en aloient,

Dagegen sind wohl

Cl. 14881 . granz trenchiees tailleices;

die zur Vertheidigung hergestellt werden, als Gräben der Palissadenreihe deshalb zu betrachten, weil die Gräben der Mauer doch immer vorhanden waren, und jene leicht gezogen werden konnten. Werden Trencheis und Fosses nebeneinander genannt, so ist man geneigt, die ersteren auf die Gräben der Lices zu beziehen.

Durm. 6193 Tot environ est bien fermes
De trencheis et de fosses

Unter den Portaus Cl. 14945, s. o., sowie unter den Uiz Partonop. 2119, s. o., sind jedenfalls die Thore der Palissadenreihe zu verstehen, vergl.

Renart. Suppl. var. des v. 22022—23344 p. 281. Chabaille, bei Godefroy unter Haise.

Ouvers fut li huis de la haise.

Statt der Thüren finden sich auch Fallgitter,

Durm. 4345 Plus de VII. lices a passees
Et barbakanes bien fermees,
Et si voit a chascune lice
Porte ferree colleice.

und die Fallthür Cl. 21724 scheint hierher zu gehören.

. . . . . vers la lice;
Parmi la porte couleice
Passa, mes la porte iert fermee;

Zu dieser Thür oder zu diesem Fallgitter, überhaupt also
zur Burg gelangt man auf einem Fusspfade, einem Fahrwege
oder auf einem Wege, der mit Steinen, die man in Kalk oder
Cement verlegte, gepflastert war: Sentier, Adrece, Charriere,
Chauciee, Chemin ferre.

Cl. 11659 L'endemain se met au senticr,

von der Burg aus.

Cl. 8879 Ainsi s'en va par une adrece
Tout droit vers une forterece
D'un chastelet, qui il a veu;

Cl. 2538 Ainsi s'en vont par la charriere,
Taut qu'a lor chastel sont venu

Cl. 1159 Einsi en mainnent lor mesnie
Vers le chastel grant aleure;

. . . .

. . . .

. a l'entrer de la chauciee
L. soumiers encontrerent;

Cl. 5155 Bien ont IV. liues erre
Tretout le grant chemin ferre.
Atant voient la forterece,

Vortheilhafter war es natürlich, wenn ein Hohlweg zur
Burg hinführte, selbst wenn er mit dem Meissel erst mühselig
in den Fels hineingearbeitet werden musste.

Cl. 1034 Il n'i a qu'une seule entree
Et cele est a cisel ouvree
Parmi la roche tailleice,
Cil qui la fist n'iert mie nice
Qui la voie pot compasser,
Maintes foiz l'i covient lasser.
Avant que la voie fust faite,
Qui si fu largement portrete
Que sis i vont tout largement
Coste a coste tont belement.

Dass ein solcher Weg sechs Mann neben einander zu-
liess, war ungewöhnlich, vergl. Schultz, Bd. I, S. 19, 2. Aufl.;
und hat hier seine Ursache wohl darin, dass der Hohlweg
besonders leicht vertheidigt werden konnte. Trotzdem scheint
er der schwächste Punkt der Befestigung gewesen zu sein,
denn es heisst

v. 1044 Devant cele voie a l'entree
Estoit toute l'ost hostellee,

Ein Zugang war die Regel.

Durm. 4315 Ni avoit s'une entree non,
Li mares l'acuelt environ.

Durm. 5585 Sor haute roche estoit assiz
Li chastiaz qui molt ert haiz,
N'i avoit entree fors une.

Der Zugang zu dem Feenschlosse hat durch ein Thal
statt, in welchem sich einige Häuser befinden; derartiges wird
nicht erfunden, sondern in Wirklichkeit vorgekommen sein.
Zufällig ist es, dass der Palas in einer Stadt liegt.

Cl. 3592 En la valee avoit maisons,
3602 Li dui compaingnon chevaucherent,
Qui dedenz la valee entrerent;
3616 Atant une porte passerent,
En la plus bele vile entrerent,

Wer den Zugang zur Burg · noch besonders schützen
wollte, legte ein Aussenwerk dazu an: Die Barbacane, welche
ursprünglich jedes Aussenwerk bezeichnet, z. B.:

Cum Antemurali, qui dicitur Barbacana, qui est murus brevis ante
murum nostri orti. Charta Petri Regis Majoricarum 1232 bei Du Cange.

Alsdann bezeichnet das Wort das bekannte kreisrunde
von Wasser umflossene Werk. In dem von Schultz aus Cl.,
v. 217, citirten Verse: Barbacanes, loges et lices ist wohl
barbacane kaum ein Vertheidigungswerk; nach dem folgenden:

et eschafauz et biax et riches
sour coi les dames monteront
qui le tornoiement verront:

zu urtheilen, scheint eher eine Vorrichtung für die Zuschauer
des Turniers gemeint zu sein; auch Berfrois Angriffsthurm
wird in ähnlichem Sinne verwendet.

Cl. 13150 La royne et sa compaignie
Ont fait IV. berfrois drecier
Pour veoir chaucun chevalier,
Conment les armes porteront etc.

Wie angedeutet, war der Zugang zur Burg besonders
dem feindlichen Angriff ausgesetzt; aber überhaupt an der
ganzen ersten Palissadenreihe tobte der Kampf, so nach dem
citirten:

Cl. 14952 Aus lices est granz li estors,
Cl. 28271 A la mestre barre se tindrent;
La fu li chaples maintenuz,

denn hier an den Lices war schon ein Theil der Besatzung aufgestellt.

Cl. 18235 Laienz n'a bouvier ne garçon,
Qui n'ait hauberc ou hauberjon
Et hache ou espee d'acier
Ou glaive ou lance por lancier;
Environ le paliz se tiennent
Pour atendre ceus. qui lor vienent:

Gar. le Loh. 2e chans., XXVII, P. Paris, bei Godefroy.
Ses fosses fait et ses murs redrecier,
Barres et lisses ou seront li archier.

Waren aussenliegende Forts, die Palissaden und etwa die Barbacane in die Hände des Feindes gefallen, so stand er doch erst vor dem Graben, hinter dem sich die hohe Mauer steil erhob. Um an diese heran zu kommen, musste der Graben erst wenigstens theilweise zugeschüttet werden.

Cl. 14874 Chaz pour lez granz fossez emplir.

Die Belagerten ihrerseits suchten dem vorzubeugen. Dem Graben wurde möglichste Tiefe gegeben, seine Wände wurden möglichst steil aufgeführt.

Esc. 17800 et se la ville estoit bien close,
li chastiauz ert trop mix assez,
a III. paire de bons fossez,
si fors, si roistes, si parfonz
que l'en n'avenist mie au fonz
de III. toises de parfoudece.

Cl. 14881 Et granz trenchices tailleices;

Die Gräben sind, wenn irgend möglich, mit Wasser angefüllt, welches man durch Leitungen heranzuführen verstand. Vergl. z. B.

Li fossez dessous, qui est fossez de la ville (was in der Sache keinen Unterschied macht) est abuvrez par une busete, qui y est et a este anchiennement. In Sent. arbitr. ann. 1313 ex Reg. 53 Chartoph. Reg. ch. 53 bei Du Cange unter busa.

Die meisten Burgen begnügten sich wohl mit Einem Graben; die Festigkeit einer Burg wuchs, wenn, wie im angeführten Beispiele, mehrere Gräben vorhanden waren. Die Zahl der Gräben entspricht der Zahl der Mauern. In dem vorliegenden Falle sind drei Paare von Ringmauern da, so dass je zwei Gräben mit je zwei Ringmauern wechseln. Da die Ringmauern sich unmittelbar hinter dem Graben erhoben, so konnten die Angreifer von den Vertheidigern leicht in den ja nur theilweise zugeschütteten Graben gestürzt werden.

> Cl. 28284 Mes nostre chevalier des murs
> Ne doutent riens, tant sont seurs;
> Getent pierres et piex aguz,
> Mainz chevaliers ont abatuz
> Es fossez qui n'en leveront,

Wo Gebäude die Mauern ersetzten, konnte Jemand durch die Fenster derselben direct in den Graben geworfen werden.

> Cl. 20775 Et puis el fosse le lanca
> Par la fenestre (der sale)
> Cl. 28153 Les chevaliers, que il trouverent,
> Ont touz ocis et decoupez
> Et par les fenestres gitez
> Enz el fosse molt laidement.

Die Ringmauern wurden aus schweren widerstandsfähigen Quadersteinen aufgeführt.

> Cl. 520 Li mur en (des chastel) estoient massis
> De carrel a cisel tailliez;

und die folgenden Zeilen stellen diese Burg als uneinnehmbar hin, wenn die Besatzung genügend verproviantirt ist;

> 522 Ja ne fust a force bailliez,
> Se tuit cil del mont devant fussent
> Et que leanz vitaille eussent
> Et il se vousissent defendre;

daher

> Cl. 15813 Son compaignon aidier ira
> Et ceus, qui defors se combatent,
> Qui des murs les carriax abatent.
> Cl. 2987 Et li mur de pierre et d'araine;

Die Steine werden durch Mörtel verbunden, so in dem angeführten Beispiele aus dem Partonop. und

> Cl. 21327 Li mortiers iert fez a ciment,

vorher war von den Mauern die Rede. Am besten war es, wenn man, wie im folgenden Beispiele, die Mauer auf den gewachsenen Fels gegründet und aus Felssteinen hergestellt hatte, denn so war das gefährliche Unterminiren sehr erschwert, welches z. B.

> Cl. v. 14912 Lors veissiez . . . .
> . . les plusors aus murs miner;

statt hat.

> Cl. 3351 Li mur ierent de roche bise,
> Qu'ierent ferme sor la falise;

Berühmt war ein gewisses spanisches Mauerwerk:

Cl. 14620 Et les hauz murs d'antiquite,
Qui seoiert en la montaigne,
Ouvrez de droite euvre d'Espaigne.

Dass die Mauern hier massiv sind, haben wir schon gesehen und andere Stellen bestätigen es:

Cl. 1009 Li mur d'environ sont masis
Cl. 1684 Del chastel, ...
Dont li mur sont fort et masis.
Cl. 21325 Li mur en estoient massis
Esc. 15003 Enmi sa terre en avoit I. (d. h. chastel.)
si bel au tesmoing de chascun
qui bien veist l'uevre massiche
que nul (Tobler) plus bel ne nul plus riche
Ne couvenoit el monde querre,

Und je höher eine Mauer war, desto weniger hatten die Belagerten von den Geschossen der Feinde zu besorgen, desto schwieriger war es auch, die Mauer zu erstürmen, weil immer erst Angriffsthürme von entsprechender Höhe und somit von stärkerer Construction gebaut werden mussten, die dann schwerer an die Mauern heranzubringen waren. Wir erfahren deshalb oft von hohen Mauern, z. B.:

Cl. 14884 Li rois fet ses engins drecier
Et vers les hauz murs charroier,

Am vortheilhaftesten war es natürlich, wenn die Mauer mit Wurfmaschinen überhaupt nicht erreichbar war.

Cl. 1010 (die Mauern) Ne doutent assaut de perriere
Ne par devant ne par derriere
Car il n'a enging en ce monde
. . . .
Qui poist aus murs avenir;

Die Mauer ist oben durch eine Plattform abgeschlossen, auf der sich ein Theil der Vertheidiger aufstellte; namentlich war hier der Platz für die Bogenschützen.

Cl. 28253 Et li autre baron vaillanz
Montent aus murs pour els defendre;
vergl. 28330 Lors si sont aus murs retornez,
Ou li assauz iert forz menez.
Cl. 21958 Et cil du chastel aus murs vienent
Pour la bataille regarder
Et pour le chastel mielz garder.
Cl. 20043 Par les murs montent li archier,
Entor vont li aubalestier,

Besonders günstig ist natürlich die Lage der Vertheidiger
auf der Mauer, wenn die letztere, wie in dem angegebenen
Falle, durch Geschosse nicht erreichbar ist.

> Cl. 1023 Encore se porroient defendre
> Cil qui desus les murs seront,
> Puis que engin ne doteront
> Car ne doutent lancier ne traire
> Que cil de fors lor puissent faire
> Car tant par est haute la roche,
> Aubalestrers tant n'i aproche
> Que carrel puist as murs venir,

Von der Plattform aus werfen die Vertheidiger Feld-
steine, Kiesel und spitze Pfähle auf die Belagerer herab,
welche, durch die Wucht der geschleuderten Gegenstände oft
tödtlich getroffen oder verwundet, vielleicht zerschmettert zu-
sammenbrechen mussten; und je höher auch hier wieder die
Mauer war, desto wuchtiger traf der Stein oder der Pfahl.

> Cl. 28256 Li baron getent pierres granz,
> Pieus aguz et chailloz pesanz,

Die Stelle

> Cl. 14319 Cil du chastel aus murs estoient,
> Par l'ost la grant feste veoient;

führt zu solchen, wo sich Schaulustige auf der Plattform ein-
finden, wenn ein Turnier oder ein Kampf vor der Burg statt-
findet.

> Cl. 21418 Les dames sor les murs monterent,
> Les jousteors bien regarderent,

> vergl. 21433 Les dames, qu'aus creniax estoient,

Die Mauern sind, wie überall, so hier mit Zinnen gekrönt; ausser dem eben angeführten Beispiel vergl.

> Cl. 12912 Car veu orent voirement
> La bataille par les creniaux,
> Qui molt erent riches et biaux.

> Cl. 15799 . . . . tuit espandirent
> Par les creniaus desus les murs,

Diese Zinnen bestehen aus demselben Materiale wie die
Mauern, aus Stein, namentlich behauenen Felsstücken und
Cement.

> Cl. 2985 . . . . . . I. chastel,
> Dont fet estoient li crenel
> Et li mur de pierre et d'araine;

Ben Troie Ars. 3314, f° 19ᵇ bei Godefroy unter Bataille

> Les batailles et li crenel
> Furent tuit ouvre a cisel.

Um die Plattform der Mauer besser zu beschü
pflegte man bei längerer Belagerung hölzerne Schutzvor
tungen darüber zu errichten, die hourdiz, vergl. Schultz, I
S. 28, Anm. 3.

> Durm. 6577 A main destre voit I. chastel,
> Horde estoient li cretel

Die Zahl der Ringmauern richtete sich nach den
sichten des Bauherrn und nach den Terrainverhältnissen.
eine Burg, die sich auf einem steilen Felsen erhob, gen
eine Mauer, bei einem sich allmählich erhebenden Berg kon
mehrere wünschenswerth erscheinen. Im Esc. sind z
Städte, von denen die eine zu einer Burg, die andere
einem Palas gehört, mit drei Paaren von Mauern versehe
Von Traversses heisst es

> 17793 de III. paires de murs si fors
> que li rois a tout son effors
> a grant paines i fourfesist,
> s'on 1. peu le deffendesist.
>
> 24511 . . . . . une vile
> trop bien seant au I. fort ille,
> close a biax murs bien de III. paire.

Die Mauer war durch Thürme ebenso geschützt, wie (
Palissadenreihe durch Bretesches. Die Entfernung der Thür
von einander betrug, nach alter Regel, einen Pfeilschuss,
dass die Besatzung eines Thurmes den ganzen Zwischenrau
von ihm bis zum nächsten bestreichen konnte. Auf die
Weise ergab sich eine stattliche Anzahl von Thürmen für ei
Burg; diejenigen von ihnen, welche das Thor flankirten, au(
wohl andere, welche an bedrohten Punkten standen, zeichnete
sich durch Umfang und Höhe aus.

S. Schultz, Bd. I. S. 29, Anm. 1.

> Esc. 14959 (le chastel geht vorher)
> qui n'estoit mie messeanz,
> ainz estoit si tres bien seanz
> de bretesches et de toureles
> et de tours et riches et beles,

In dem Mühlenschloss von Limeri im Durmart, desse
günstige Lage, auf einem hohen Felsen in einem Moraste
durch hohe Mauern und grosse Gräben noch verstärkt war,
sind die Thürme nur klein.

> v. 10918 La forterece est bien fermee
> De haus murs et de grans tranchies,
> Et de turneles batellies,

Auf diesen Thürmen wurden wenigstens in der Nacht
Wächter aufgestellt. Vergl. Schultz, Bd. I, S. 48, Anm. 5.

Sie blasen in die Hörner oder rufen, wenn sie sich be-
merkbar machen wollen:

> Cl. 1752 Les gaites du chastel leverent,
> Vers l'ost droitement regarderent
> Voient toute l'ost esmene;
> Lors corne (Tobler für torne) l'uns, li autres hue,
> Einsi de l'ost dient folie: (statt Komma, nach
> Fuiant s'en vont, si come il die. [Tobler)

Und wie die Wächter von dort oben Ausschau halten,
so finden sich auch blosse Zuschauer da ein.

> Durm. 11770 Bien l'ont regarde et veu
> Cil del chastel de Limeri,
> Chevalier et dames ausi
> Sunt as crctealz et as toreles,
> Et molt i a de damoiseles,
> Et de serjans et de borjois.
> Durm. 12354 La bele roine est montee
> Desor une haute torelle
> U il a mainte damoiselle.

Im Kampfe bilden die Thürme wichtige Positionen; ihre
beherrschende Lage, sowie ihre Unabhängigkeit, — da sie von
der Mauer aus nicht zugänglich waren, — machten sie schwer
einnehmbar. An den Thürmen, auf welchen ein Theil der
Vertheidiger aufgestellt zu sein pflegte, tobte der Kampf oft
mit Heftigkeit.

> Cl. 13914 Mes cil du chastel bien se tienent,
> Aus murs et aus torneles vienent
> Pour desfendre, s'on les assaut;
> Cl. 14953 Et aus fenestres et aus tours
> Rest li assauz;

Ueber den Graben führte eine Brücke, über welche man
unmittelbar zu dem Mauerthor gelangte.

> Cl. 11729 Ala tant, qu'a la porte vint,
> Mes I. pont passer li covint.

Ersetzte ein Fluss einen Graben, so war er mit einer
Brücke versehen, nur dass zwischen Brücke und Thor in
diesem Falle ein freier Raum liegen konnte.

> Cl. 8625 I. pont avoit sor la riviere,
> Molt iert biaus, d'estrange maniere,
> Et granz a merveilles et fors.

3

8628 II. chevaliers par grant esfors
Jerent d'autre part voirement

d. h. jenseits des Flusses.

8642 (Claris) Sus le pont monte, si le passe,

darauf findet hier, jenseits, ein Kampf zwischen Claris und den Rittern statt.

8644 Et cil li vienent toute voie, etc.
8677 En I. lor chastel l'en menerent,

vergl. die angeführten Verse 8622 ff.

Aehnlich verhält es sich

Cl. 22711 Li Laiz Hardiz voit la riviere,
Qui tant est perilleuse et fiere;
I. pont voit sor l'aigue bruiant,
Tout iert de pierre d'aimant;

es ist daher unmöglich, gewaffnet über die Brücke zu gehen; um die Rüstung und auch das Eisentheile an sich tragende Pferd über den Fluss zu schaffen, bedient man sich eines Fahrzeuges.

22830 A l'iave vient isnelement,
Une nef prist, outre passa,
Armes ne cheval n'i leissa,

Von dem Zurückkehrenden heisst es

22835 Outre la riviere est venuz,
Droit vers le chastel s'est tenuz,

Diese Aeusserung lässt annehmen, dass noch ein Zwischenraum zwischen dem Fluss und der Mauer vorhanden ist.

Brianz, dessen Burg, wie wir gesehen haben, von stehendem Gewässer umgeben ist, begnügt sich vorsichtiger Weise mit Furthen, deren es, sobald die Schleusen geöffnet waren, nur zwei gab.

Esc. 14077 . . . ., fors qu'a II. pas
15046 et li rois qui mout aprocha
le chastel passa vistement
au pas sanz nul encombrement.
15112 car je sai bien c'ore passa
granz genz suz ce pas par l'escluse."

Vermuthlich durchreitet Artus das Wasser unterhalb der Schleuse.

Aehnliche Schleusenvorrichtungen sind für die Flüsse getroffen, welche einen Hügel, mit einer anderen Burg des Brianz umfliessen.

Esc. 15010 . . . . . . les paissieres
erent entour a la roonde:

In negativer Weise wird auf eine Furth hingedeutet, indem Keu bei dem von Wasser umgebenen Thurme eine solche vermisst.

Esc. 8008 car n'i trova gue ne passage,

Waren mehrere Gräben vorhanden, so musste eine entsprechende Anzahl von Brücken hergestellt werden.

Durm. 11105 Les murs voient et les fosses
Et si truevent les pons leves.

Ein besonderer Kunstgriff bestand darin, eine ganz schmale und dünne Brücke herzustellen, welche sich der Aufmerksamkeit draussen Stehender entzog. Eine solche Einrichtung ist wohl nur bei kleineren Burgen und Herrenhäusern getroffen worden, denn eine zahlreichere Besatzung, wie sie einer grossen Burg zukam, hätte auf diesem Wege einen Ausfall nicht wagen dürfen.

Esc. 8978 mais lors oy I. cor souer
et I. vallet deschaaner
I. pont si soutil durement
que veoir dehors nulement
nuz hom vivanz ne le peust
pour soutievete qu'il eust.

Die Zugbrücke wurde, wie hieraus erhellt, durch Ketten gehalten; das Horn giebt das Zeichen zum Herunterlassen der Brücke an. Nur bei besonderen Anlässen war die Brücke aufgezogen, Nachts indessen wohl immer.

Cl. 26842 Cil dist, qu'il s'en estoit alez,
Des que li ponz fu avalez
Au main, quant les bestes menerent
Cil, qu'en pasture s'en alerent.

Da mit dem Graben die eigentliche Burg begann, so ging der Burgherr einem Gaste, welchem er besondere Ehre erzeigen wollte, bis zur Brücke entgegen.

Cl. 10270 Le seingnor sus le pont trouva,
Qu'a l'encontre li fu venuz:

War die Brücke überschritten, so fragte es sich, ob das Thor offen war; der Einlass Begehrende macht sich bei Chrestien und sonst durch ein Horn, den Klopfring oder die Schalltafel bemerklich; auch ein Schlägel, mit dem man gegen die Thür klopft, ist gebräuchlich gewesen.

Poem. Rob. Diaboli ed. Trébutien S. 8, Sp. 2, Zl. 23, bei Du Cange unter Posticium.

3*

Car un maillet a à la porte,
Qui petite est, n'est mie forte

so eher als „ne gueres grosse" bei Trébutien.

Troiz colz et nient plus y (Trébutieu ni?) ferras,
Au poestis (Du Cange peusticet) lors (Du Cange
[puis) te serras.

Und S. 9, Zl. 33:

Le maillet treuve al postichet
Si feri III. caus al guichet.

Im Claris begnügt man sich mit einem einfachen Zuruf:

11735 Si s'escria: „Ouvrez la porte!"

ebenso v. 12699.

21728 „Ouvrez, ouvrez delivrement!"

Das gewöhnlich offene Thor ist in diesem Falle geschlossen, weil die Herrin der Burg die Rache eines Ritters fürchtet und sich deshalb kriegsbereit hält.

21789 Ge trouvai la porte fermee;
S'il vous plest, si nous soit contee
L'achoisons, por quoi ce estoit
Et que ce fu et coi ce doit?"

Der Pförtner antwortet auf den Zuruf:

1918 Atant le portier apela,
Et il demande, qui c'est la?

21729 öffnen vier vallez die porte

Es vous IV. vallez venanz,
En lor mains dars d'acier tenanz!
Richement estoient arme,
A la porte sont devale,
Isnelement la defermereut
Et puis a Guerrehes crierent:
„Chevaliers, or poez venir!"

Der Pförtner hat seinen Platz über dem Thore, an einem kleinen Fenster:

Cl. 12813 Droit vers la porte s'en alerent,
Fermee iert et il apelerent.
Estes vous, que l'escuiers vint,
Qui desus la porte se tint!
Quant sus la porte fu venuz,
Li escuiers s'i est tenuz
A une petite fenestre;

Der Feind, welchem das Thor verschlossen blieb, musste es mit Gewalt einzunehmen suchen. Dabei hatte er einen schweren Stand, denn, da das Thor in der Regel von zwei Thürmen flankirt war, so befand er sich unter dem Kreuzfeuer der Vertheidiger, welche da aufgestellt waren. Ausserdem konnte man von der Plattform der zwischen den beiden Thürmen befindlichen Mauer aus dem Feinde schweren Schaden zufügen. Durmart 3811 sind wohl die immer etwas bedeutenderen Thorthürme gemeint, auf welche die Wachen hinaufsteigen:

> Sor II. torneles haut levees
> Estoient .II. gaites montees
> Qui molt clerement flautoient
> Et od les flautes faisoient
> II. eschieletes acoper (?)

Selten war nur ein Thurm vorhanden, in dem das Thor lag, so vielleicht

> Cl. 20850 Si come il par la porte passe,
> Uns hons de la tor li escrie:
> „Chevalier, tu perdras la vie!
> Mar i entres, je te l'afie."

wiewohl man hier noch an den ja immer in der Nähe des Thores befindlichen Hauptthurm denken könnte.

> Cl. 12670 Es vous en la tornele forte
> I. escuier, qui li escrie:
> „ Vassaux, vous n'i enterrez mie,
> Se vostre non ne me nonmez!
> Cl. 28318 Dodiniaux iert en la tornele,
> Portiers iert,

Freilich könnte hier nur der andere Thurm ungenannt geblieben sein; und das Fehlen jeder directen Aeusserung spricht nicht zu Gunsten der angeführten Auffassung..

Das Thor bestand wesentlich aus Holz, liess sich daher mit der Axt zertrümmern.

> Cl. 680 A la porte vont droitement,
> A leur haches la decoupoient.
> Cl. 15830 Laris . . . . . .
> Coupoit la porte par dehors
> D'une grant hache, qu'il tenoit;

Ein Balken erstreckte sich quer über die Thür und trat in die Mauer ein, die mestre barre, von der oben schon die die Rede war.

> Cl. 15836 A haches d'acier tant taillerent,
> La mestre barre detrencherent.

und

> Cl. 28312 Que les barres lor ont tolues
> Aus mestres portes,

Es scheint, als ob man bisweilen·darauf gesehen habe, das Thor eng und niedrig einzurichten, um dem Feinde den Eintritt zu erschweren,

> Cl. 20850 Si come il par la porte passe,
>   Qui assez iert estroite et basse,

ähnlich bei dem Thore einer Stadt,

> Durm. 11019 S'en la cite voles entrer,
>   N'i poes a cheval aler,
>   Mais tot a pie, se dez m'ait,
>   Par mi I. guichet si petit,
>   Qu' il vos covenra abaissier.

s. u. den dreifachen Eingang des Zauberschlosses.

Es gab auch Thore, welche sich vermittelst eines Mechanismus von selbst schlossen.

> Cl. 8689 Et quant la porte ot trespassee,
>   Si est apres lui refermee,
>   Ainsi que nus ne la bouta.

Wir dürfen annehmen, dass solche Thore in Wirklichkeit vorhanden gewesen sind.

In Fällen der Gefahr begnügt man sich nicht damit, die Thore zu verriegeln, man vermauert die Thoröffnungen.

> Cl. 28242 Puis ont bien les portes murees
>   Et apoiees et barrees.

Immer neue Hindernisse thürmten sich so dem eindringenden Feinde entgegen. Im Kampf von Mann gegen Mann muss jeder Fuss breit erobert, mit Blut erkämpft werden, und jeder neue Schritt vorwärts ist mit Gefahren verknüpft. Dem glücklichen Sieger, unter dessen Streichen das Thor gefallen ist, stellt sich eine fast undurchdringliche Schranke entgegen: das in der Thorhalle befindliche, durch eigene furchtbare Schwere niederschlagende Fallgitter; und froh musste der sein, welchen es nicht von den Genossen abschnitt oder mit seinem Gewichte zermalmte.

> Cl. 14880 . . . portes couleices

werden zur Vertheidigung hergestellt, wobei zweifelhaft bleibt, ob nicht die Fallgitter der Palissadenreihe gemeint sind oder beide. Sehr ausführlich wird über eine porte coleice berichtet Cl. v. 28318; sie ist durch Durchschneiden eines oben angebrachten Seiles zu lösen und zwar geschieht dies wohl von dem Thorthürmchen aus.

> Dodiniaux iert en la tornele,
> Portiers iert, tiex est sa querele;

A la porte vient coleice,
Trenchie a la corde fetice;
Es vous la porte descendue!
Quatre chevaus de lafors tue
Et deus chevaliers bien armez;
Et s'est et ehastel enfermez
Dusqu'a X. chevaliers de pris,

Es war gefährlich für eine Burg, wenn der Feind Brücke und Thor in seine Gewalt bekommen hatte und bis zur Fallthür, deren es innerhalb einer Thorhalle auch mehrere geben konnte, vorgedrungen war; aber selbst dann konnte sich die Festung noch wochenlang vertheidigen.

Cl. 17892 Si anemi si pres le tienent,
Que chaucun jor assaillir vienent
Enjusqu'aus murs de la cite;
S'il n'a secours en verite,
Ne se porra I. mois tenir,
Car les anemis voit venir
Enjusqu'aus portes couleices:

cfr. Schultz, Bd. I., S. 35, Anm. 9, wo ein weiteres Beispiel aus Claris.

Es ist noch des merkwürdigen Einganges in das Zauberschloss zu gedenken; er ist dreifacher Art und dies scheint nicht übertrieben; Hochosterwitz in Kärnthen hatte vierzehn Thore, die nacheinander erstürmt werden mussten, vergl. Schultz, Bd. I, S. 20.

Cl. 3369 Devant le chastel a l'entree
Ot par enchantement fermee
Une tor et, qui bien l'esgarde,
Avis est, qu'ele toz jours arde
Et que touz jors soit embrasee.

Dieser Thurm schmilzt später

3516 Car la tor ardanz iert fondue:

Die Rosse weigern sich wegen der Zauberei in das Thor einzutreten. Claris und Laris gehen deshalb zu Fuss hindurch und gelangen zu einem zweiten Eingange, welcher von vier Leoparden bewacht wird, darauf zu einem dritten, welcher sich durch seine Enge und durch seine Niedrigkeit auszeichnet; er wird von zwei Riesen bewacht.

3376 Ja tant ne se porront lasser,
Que lor cheval passent la porte,
Tant est l'enchanterie forte.
3382 . . . aler lor covient
A pie . . . . . .

Qui cele porte avroit passee,
Si raveroit une autre entree,
3388 . IV. liepart par conjure
La gardent
3396 Apres cele entree est la tierce,
3400 III. piez a de le, ce m'est vis,
Et IV. de haut, . . .
De l'autre part a II. jaianz,
3405 Touz ceus deffient et menace,
Qui cele porte passeront;

Wiewohl die Burg nur einen Zugang zu haben pflegt,
so kann sie doch mehrere Thore besitzen.

Cl. 2048 Aus portes du chastel se tindrent
Cl. 28317 Qui dedenz leur portes se tienent.

Eins derselben, durch Grösse und Stärke ausgezeichnet, ist
das Hauptthor.

Cl. 22744 Vers la mestre porte se tint,

Auch von mehreren Hauptthoren ist die Rede, von denen
jedem Mauerringe vermuthlich immer nur je eins zukommt.

Postiz bezeichnet ein kleineres Ausfallsthor; so hier bei
dem später V. 19900 s. o. chastelet genannten Hause des Försters von König Urien.

Cl. 18704 . . si broche le destrier
Tant, qu'il est au postiz venuz.

Kleinere Thore leisteten gute Dienste, wenn der Herr
der Burg oder einer seiner Vertrauten unbemerkt in die Stadt
gelangen wollte.

So tritt Brianz, nachdem er einen Schlupfweg benutzt
hat, durch eine Thür, welche in einem Thurme zu liegen
scheint, in den Bezirk seiner Burg ein.

Esc. 15560 Mais Brianz ot ja tant ale
quan qu'il pot reconduement,
qu'el vergier s'en vint droitement
de son chastel c'onques veuz
ne fu ne seul aperceuz,
fors que d'un vallet seulement
qui de lui ot conmandement
qu'il l'atendist tant qu'il venist
et les clez d'une tour tenist
qui derrier I. vergier ovroit:

Die Thore sind mit Schlüsseln verschlossen, an deren
Besitz sich daher die Gewalt über die Burg knüpft.

Durm. 5743 A Roche-Brune sunt venu,
Crevreas qui sires fu

> Fait al Galois rendre les cles,
> Lues qu'il est el chastel entres.

Im Esc., wo es sich um Bauborc handelt

> 23672 et quidoient la porte ouvrir
> come cil qui les clez avoient:

Es kommt ziemlich auf dasselbe hinaus, ob der Herr
der Burg seine Gäste auf der Brücke oder wie an der folgenden Stelle am d. h. vor dem Thore willkommen heisst.

> Cl. 15346 Ainsi est venuz a sa porte
> Li chevaliers,
> 15352 Li chevalier . . . .
> . . . .
> Le seingnor en haut saluerent etc.
> 15360 Li baron ou chastel entrerent,

Entsprechend findet übrigens ein Empfang auch statt an den
Thoren der Stadt,

> Cl. 7575 Atant sont en la vile entre,
> Des dames furent encontre,
> Qu'aus portes estoient venues.

wie dies noch heut bei festlichen Anlässen der Fall ist. —

Von der ganzen Befestigung, — besonders von den
Mauern, — wird bisweilen lobend ausgesagt, dass sie noch
neu sei;

> Cl. 12605 I. jor vindrent a I. chastel,
> Qui estoit fermez de nouvel;
> 10234 Et fermez de murs toz noviax;

Ueber ein altes verfallenes Schloss mit schadhaften
Mauern drückt sich der Dichter tadelnd aus:

> Cl. 25193 Li chastiaus iert et lons et lez,
> Mes trop iert vielz et decheuz
> Et li mur crevez et fenduz.

Doch können auch alte Befestigungen, kann eine alte
Burg als durch Alter ehrwürdig und Dauerhaftigkeit bekun-
dend hingestellt werden.

> Cl. 27713 (ein manoirs) Estre porroit molt anciens,
> Mes molt ert plain de grant noblece;
> Cl. 14619 Luiserne voient, la cite,
> Et les hauz murs d'antiquite,
> Cl. 18909 Voient les tors d'antiquite
> 19523 . . . . . la cite,
> Dont li mur sont d'antiquite,

In Zeiten der Noth fügte man, wie wir gesehen haben,
zu den vorhandenen Vertheidigungswerken oft noch einige

hinzu, vergl. die schon oft angeführten v. 14876 ff., und ferner
v. 21704 f. im Claris:

Li chastiaus iert molt enforciez
Nouvelement si con por guerre,

War nun eine Burg durch natürliche Lage und durch
die Kunst der Ingenieurs geschützt, so brauchten die Vertheidiger wegen eines plötzlichen Angriffs nicht in Sorge zu
sein; so leicht konnte eine solche Burg mit den damaligen
Mitteln der Belagerung nicht genommen werden. Aeusse-
rungen, wie Cl. 20467 ⟨von einem chastel⟩

Forz iert, n'avoit regart de guerre:

sind daher nichts seltenes.

Das Innere der Burg.

Das von den Mauern eingeschlossene Terrain der Burg
ist, zumal bei Höhenburgen, nicht immer ganz eben gewesen.
Nach dem Thore zu konnte es sich mit Nutzen senken.

Cl. 15636 Compainz Laris, car en alez!
Vers cele porte devalez!

Der durch das Hauptthor in die Burg Eintretende gelangte zunächst in die Vorburg, von der das eigentliche
chastel noch durch eine besondere Vertheidigungslinie ge-
trennt ist.

In der Vorburg waren die Wirthschaftsgebäude untergebracht, doch lagen die Ställe des Herrn der Burg oder
seiner Gäste in der inneren Burg, hier einmal unter dem Pales
d. h. unter dem Saal.

Cl. 15594 Desouz le pales iert l'estable,
Qui estoit biaus et delitable;

Die Pferde werden mit dem Zügel befestigt und erhalten
Heu und Hafer als Futter und eine gute Streu.

Cl.   8703 Claris une estable trouva,
A quoi son cheval arresna;
Fain et avoine assez i treuve,
Autre escuier que soi ne reuve („begehrt" wahr-
[scheinlich statt treuve nach Tobler);
Le frain li oste sanz dangier

Cl. 10512 Li autre dui (escuier entendent zu ergänzen aus
                [dem Vorhergehenden) a l'establer
          Son cheval; assez li donerent
          Foin et avoine, qu'il troverent,
          Et si li font bonne litiere
          Et par devant et par derriere.
Cl. 21338 Et de litiere grant foison,
          Con ce fust on mois de moisson.
  Bisweilen stehen in den Ställen Pferde fertig gesattelt
bereit,
Cl. 11569 Et puis a choisi une estable
          Et grant et bele et delitable,
          I. cheval ensele i treuve;
und in den Ställen eines grossen Herrn mussten immer einige
Rosse vorhanden sein, sie bildeten ein beliebtes Geschenk.
Cl. 4179 Et pour ce, que sovent joustassent
          Si chevalier, ses retenoit
          Et chevaux et armes donoit.
Cl. 8200 Li rois Ladon par grant hennor
          Donna XXIV. chevaus
          A[us] XII. nobiles vassaus,
  Wie geräumig daher die Ställe sein mussten, ersieht
man z. B. aus
Durm. 10911 Et estables al mien quidier
            Por VII XX chevaz herbergier.
  In der Vorburg lagen gewöhnlich auch die Wohnungen
der Dienstleute.
Cl. 11279 Aus hostieux du chastel s'en va,
          Si a fet armer sa mainie;
Cl. 15714 Contre la nuit sont departi,
          A lor hostieus sont reverti;
Subject sind die Dienstleute der Burg, deren Angriff auf den
Palas misslungen war.
  Anderer Art war wohl das Ostel, in dem man den Gast
unterbrachte, für welchen im Palas kein Raum mehr war.
Cl. 19220 En la court iert lor hostel pris;
und zwar nicht im Palas, vergl.
Cl. 19723 De la chambre s'em part
          El pales vient delez Claris
Beide sind also im Palas, von da
          19736 Atant vers l'ostel s'en alerent,
  Freilich heisst es
          19465 Ore alons hui mes a l'ostel,
                Car tens en est, il n'i a el!"
und

19469 Ja estoit li vespres venu(e),
Et li compaignon ont tenu
Vers le pales la droite voie;

allein hier sind wohl Ostel und Palas nicht zu identificiren,
sondern die Ritter begeben sich in den Palas, um dort zu
speisen. Genaueres über die Lage dieser Herberge erfahren
wir nicht. Wir schliessen indess, aus practischen Rücksichten,
dieses Ostel den schon genannten Gebäuden secundärer Bedeutung für die Burg gleich an, ebenso wie die Kirche, deren
Lage sich je nach den Verhältnissen richtet. Beide, das
Ostel für die Gäste und die von den Rittern benutzte Kirche
haben das miteinander gemeinsam, dass sie in der zur Burg
gehörigen Stadt (s. u.) liegen können, das Ostel, weil die
Räume im Schloss selbst oft nicht ausreichten, die Kirche,
weil eine solche im chastel nicht immer vorhanden war und
man sich mit einer Kapelle für gewöhnlich behelfen musste.

Cl. 291 Tantost de la sale avala,
En la vile a l'ostel ala.

Cl. 30291 Et nostre baron descendirent
Par la cite conmunement
Et prenoient herbergement
Par les rues de la cite;

cfr. 30277 VIII. jours i out lor ostiex pris,

Ken nimmt in dem Ostel Yonet's zu Bauborc Wohnung

Esc. 9281 En sifaite (Tobler) manierə vint
kez a Bauborc et li avint
qu'il trouva son hoste a l'ostel etc.

Esc. 13965 (Gavain, s'en vint a son hostel tot droit.

und der König Artus eilt aus seinem Pales auch hierher, zurück aber bedienen sich beide, Gavain und der König, ihrer
Pferde, v. 14054, so dass die Entfernung keine ganz nahe
gewesen sein kann.*)

---

*) Anm. Die Königin lässt, um vom Pales aus zu dem Ostel
Gavain zu gelangen, einen Wagen anspannen

14058 et pour ce qu'ele se cremoit
qu'il ne fust assez plus blechiez,
estoit ses chars enharneschiez
pour aler vers cele partie

Die Ansicht, welche Schultz Bd. I, S. 486, äussert: „Nur wenn es
galt, eine weitere Reise zu unternehmen, dann entschlossen sich wohl die
Damen und die alten Herren, die das lange Reiten nicht mehr ertragen
konnten, einen Wagen zu benutzen." trifft also nicht ganz zu.

adont puierent a cheval
suz amont envers la roine,

Wir erfahren nur wenig über die Einrichtung des Ostel;
in dem dem König Urien gehörigen ist von einem Haupt-
zimmer die Rede,

Cl. 19737 Atant vers l'ostel s'en alerent,
Dedenz lor mestre chambre entrerent.

Schlafzimmer fehlen natürlich nicht, z. B.

19360 Droit vers son hostel est venuz;
En la chambre, ou Laris gisoit,
Cl. 289 (vgl. v. 282 ob.) Et cil en I. lit l'i coucherent,
Bien l'ont couvert, puis le leisserent
En uue chambre seulement,

Von einem Speisezimmer erfahren wir bei Yonet in
Bauborc, es liegt zu ebener Erde.

Esc. 9659 fist les tables endementiers
metre en une chambre par terre,

Von der Ausstattung der Zimmer erfahren wir kaum
etwas; in den Schlafzimmern sind natürlich Betten aufgestellt;
Esc. 5992 setzt sich Brianz neben dem verwundeten Keu
nieder, was auf Abwesenheit von Sitzvorrichtungen deuten
könnte.

et s'assist delez lui a terre

Das Ostel dient nun als Herberge für eine oder für
mehrere Personen.

Esc. 16383 Einsi s'em partent IV. et troy
Li chevalier, vers lor ostez
S'en vont li baron naturez
Lydaine et Claris se coucherent,
Laris premerain atornerent;

Die Kranken und Verwundeten werden in ihren Ostels
verpflegt.

Cl. 16673 Droit a son hostel l'em porterent, (den ohnmäch-
[tigen Laris)
cfr. 16715 En une chambre seulement
Le fait couchier enz en I. lit etc.
Esc. 3635 l'en fist on a l'ostel porter (den verwundeten
[Königssohn)
Esc. 4247 Et quant cil dedenz as osteuz
furent venu, assez de tenz
y ot navrez . . . .

In den Ostels werden auch bisweilen Feste gefeiert;
vielleicht ist es kein Zufall, dass hier keine Damen zugegen

sind, sie nahmen wohl nur an den grösseren Festlichkeiten
im Hauptpalas theil.

> Esc. 4326 et Briauz . . . . .
> qui encore ert a son ostel.
>
> cfr. 4334 en son ostel ert li deduis
> adonques granz et li reviauz,
>
> Cl. 16372 A l'ostel Gauvain droitement
> Jerent venu conmunement
> Cil de la table pour esbatre,
> Plus en y a de C. et quatre;

Selbstverständlich war in den Herbergen für Bedienung
gesorgt.

> Cl. 282 En la vile a l'ostel ala,
> Si a sa mesniee trouvee,

Stallungen für die Pferde sind zu vermuthen.

> Esc. 467 (Kez Lors s'en vint iriez durement
> a son ostel tot erraument
>
> cfr. 470 sour I. cheval noir comme meure
> Monta tost et delivrement;

Unter Herbergerie

> Cl. v. 7856 Tout droit vers la herbergerie
> S'en vont,

ist wohl das Ostel zu verstehen; ein Saal und ein Zimmer
werden da erwähnt.

> 7865 Et puis en la sale monterent,
> En la chambre se desarmerent.

Eine Kapelle wird genannt Esc. 9421, sie gehört wohl
zum Chastel von Bauborc:

> et parlissiez a li (Andrivete) demain
> en sa chapele le bien main,

Nicht weit vom Hauptthor der Burg liegt die Kapelle,
welche Durmart erblickt.

> 3817 Mesire Durmars a trovee
> La maistre porte defermee,
> Laiens entra sens contredit;
> Devant I. chapele vit
> En mi un prael assembles
> Valles et esquiir[s] asses.

Was das Innere der Kapelle oder der Kirche anbetrifft,
so erfahren wir nur von einem Taufbecken.

> Esc. 13574 en fouz fu Escanors nomez
> li Prophez,

Das Gotteshaus spielt eine bedeutende Rolle im Leben

des Mittelalters. So ist es Sitte, des Morgens nach dem Aufstehen in die Kirche zu gehen.

Cl. 1206 Les gaites . . . . .

> `. . . . . eschaugueterent
> Jusqu'au demain au point del jor,
> Que tuit leverent sanz sejor
> Par le chastel conmunement;
> Et puis s'en vont isnelement
> Tout droit a la plus mestre eglise,
> Car oir vuelent le servise,
> Car c'est aumone et droiture.

was noch weiter ausgeführt wird. Dieselbe Kirche heisst v. 1319 Mostier,

> Puis departireut du mostier,

Die Benennung Hauptkirche lässt unzweifelhaft darauf schliessen, dass die der Stadt gemeint ist. — Vergl. ferner:

Cl. 16400 Einsi cele nuit demorerent
> Dusqu'au demain qu'il se leverent.
> Li baron s'en vont au moustier
> Por escouter le dieu mestier

Büssend besucht Gauvain die Kirchen der Stadt.

Esc. 7641 trestouz deschauz par les mostiers
> aloit et souvent et menu:
> 7829 et s'ala par touz les mostiers
> de la vile en pelerinage,

Die Feste gewisser Heiliger werden besonders gefeiert.

Cl. 21369 Demain iert la feste saint Piere,
> Que l'en aoure en cest chastel;
> Moustier i a et bon et bel

Taufe, s o., und Vermählung finden gleichfalls in der Kirche statt.

Cl. 14486 Vers le chastel s'acheminerent,
> Au mostier s'en vont droitement

und

14501 En l'iglise sont descenduz,
Esc. 23024 li amant qui espris du fu
> furent d'amors covertement,
> Au mostier honerablement
> s'en vindrent par devant le pule.

es handelt sich um die Vermählung Keu's mit Andrivete und Gifflet's mit der Königin von Traverses.

Grabkapellen in der Burg kommen hier nicht vor. Esc. 19914 ff. sind wohl die Kirchen von Traverses gemeint:

> adont firent cerchier par tout
> les mors et faire lor droitures,

et l'endemain lor sepultures
par les eglises dignement.

Eine auf die Grabschrift bezügliche Stelle bietet S
Durmart S. 553 unter Letres; sie rührt aus Floir
Blanchefleur 661 her.

Von dem Hauptthore der Burg führte nun ein
direct bis zum Palas, die Burgstrasse, mestre rue, gran
auch gelegentlich chaucie oder charriere genannt, auf w
man wohl, wenn es sich um eine grössere Burg ha
wenigstens, erwarten durfte einen der Burginsassen anzut

Cl. 12193 Ainsi s'en va la mestre rue,
Mes n'a hom ne femme veue;

Cl. 2997 Li baron el chastel entrerent,
Par la grant rue trespasserent.

Cl. 26117 . . . et il a ja passee
La mestre rue prémerainne

oder, ohne weiteren Zusatz, nur die alte Strasse genannt

22746 Droit vers le mestre mandement
S'en va la rue premerainne;

Von den Zinnen des Palas aus wirft Lydaine Steine
die Angreifer vor demselben.

Cl. 15089 Verser en fait par la chaucie
Plus de XXXVII. voirement;

Cl. 4182 Claris et Laris chevancherent,
Par la porte ou chastel entrerent;

cfr. 4221 Atant es vous par la chariere
II. autres chevaliers venir,

Der Zusatz mestre oder grant, welcher der Burgstras
gegeben wird, lässt auf die Anwesenheit mehrerer Strass
schliessen; dieser Schluss wird bestätigt durch Stellen, wie

Cl. 10850 Dedenz ce chastel n'en a rue,
Qu'il ne quiere

Bevor wir die Hauptgebäude betreten, haben wir Gelege
heit, uns von der Geräumigkeit der Burg zu überzeugen. E
ist ein Lob, welches der Dichter ausspricht, indem er sagt:

Cl. 25193 Li chastiaus iert et lons et lez,

Das durch die Mauer umschlossene Terrain ist nich
durch die Gebäude allein ausgefüllt; abgesehen etwa vor
einem Hof zu wirthschaftlichen Zwecken, von dem hier nicht
verlautet, so wenig wie in anderen Romanen, bleibt imme
noch weiter Raum für Kämpfe und Turniere, die innerhalt
der Burg auch nichts Seltenes sind. Es handelt sich hier
speciell um den Platz vor dem Palas.

eispielsweise ist auf demselben Cl. 9174 eine Quintaine t. Es galt dabei, einen fingirten Gegner, bestehend em Pfahl, der in die Erde gerammt ist, und Schild .rnisch, welche an demselben befestigt sind, zu besiegen; und Harnisch sollten durchbohrt und sammt dem Pfahl len geworfen werden.

> Pour ce (um den würdigsten Ritter zu erkennen)
> [avoit fet une quintainne
> Drecier en la place foraine,
> Qui estoit droit devant la sale,
> Si con l'en les degrez avale.

Versammlungen der Waffentragenden finden oft hier statt.

> Cl. 1362 Cil, qui du chastel asemblerent,
> Devant le pales s'arresterent.

, vom Palas aus,

> 18495 Voit les genz venir et armer
> Et en mi la place auner;

Auf diesem Platze steht sonst häufig eine Fichte, z. B.

> R. de Hod. Meraugis bei Godefroy unter baile.
> Si esgarda
> Devant la tour tant qu'il veoit
> Qu'en mi lieu de ce bale avoit
> Un pin si verd com en esté.

ist die Rede von drei Bäumchen.

> Cl. 18394 Devers la mestre forterece
> Descendirent de lor destriers,
> Mes n'i troverent escuiers,
> Qui lor chevaus lor establassent
> Et a desarmer lor aidassent.
> Atant les destriers atacherent
> A trois arbrissiax qu'il troverent;

An dem weniger betretenen Ende war der Platz etwa Gras bestanden.

> Cl. 22744 Vers la mestre porte se tint,
> Enz est entrez delivrement,
> Droit vers le mestre mandement
> S'en va la rue premerainne;
> En une grant place lointaigne
> Choisi I. chevalier seant,

) also ein Sitzplatz ist,

> cfr. 22870 Atant descent (der Laiz Hardiz) sor l'erbe drue,
> Cl. 20990 Par le chastel se lievent tuit;
> cfr. 20996 (Les donzeles) Puis l'amenerent en la place;
> cfr. 21060 Voler le (Förster) fet en mi la pree;

4

Li chevaliers prent la versee,
Qui sor l'erbe chiet ledement;
Einige Male sehen wir ankommende Ritter schon auf
diesem Platze absteigen, was sonst erst an der Treppe des
Palas geschieht.

Esc. 23377 et tant la le roi atendi
qu'ele conut qu'il descendi
a grant compaignie en la cort.

Cl. 24582 Dedenz entra isnelement;
Descenduz est en mi la court;

In ersterem Falle verfügen sich die Ankommenden sofort
in das Zimmer der Königin

23403 Adont prist monseingnor Gavain
la roine parmi la main
et vindrent en la chambre amont
qui la pluz bele fu du mont.

im zweiten wird der schwarze Ritter von einem Diener in
den Saal geführt.

24591 Atant en la sale l'en mainne,

Ehe wir auf den glanzvolleren Palas eingehen, scheint
es rathsam, den jeder Burg wesentlichen Donjon, welcher der
Befestigung ihren Abschluss giebt, oder den Hauptthurm, der
ja dessen Stelle später vertritt, s. Schultz, Bd. I, S. 42, ein
wenig zu mustern, zumal da wir, wie aus einer Stelle hervor-
gehen wird, einen Umweg zu machen nicht genöthigt sein
werden.

Für diesen Kern der Burg scheint der Ausdruck Chastel
in engerem Sinne üblich gewesen zu sein,

Cl. 528 (Claris und Laris) Par la porte dedenz entrerent
539 Claris et Layris regarderent
Vers le chastel, si aviserent
VI. chevaliers armez venanz,

Ferner Cl. 15588, wo Claris, Laris und Lidaine vom
Palas aus die Burg verlassen wollen und wo es heisst:

15598 Einsi vers le chastel s'en vont

Palas und Chastel werden also unterschieden und somit
kann das letztere nur donjon oder, wie in so später Zeit
wahrscheinlicher ist, Hauptthurm bedeuten. Vom Hauptthore
aus betrachtet, liegt hier der Palas hinter dem Thurm, an
welchem daher die Burgstrasse vorbeiführt.

Der donjon wird in unseren Romanen nur einmal genannt,

Esc. 16300 puis les r'a (Brianz) el donjon conduis
qui a veoir n'ert mie lais.

er war wohl kaum noch bewohnt, Brianz bewirthet seine
Gäste offenbar in einem Palas.

Der Hauptthurm ist wohl gemeint

Cl. 4489 Et cil a une tor de pierre
Se sont adosse par derriere.

er ist durch ein Thor verschlossen und jedenfalls mit einer
Treppe im Innern versehen

4503 . une pucele senee
Est jus de la tor avalee,
4507 La pucele a la tour ouverte
Et cil, qui avoient soferte
Mainte poine, dedenz entrerent,
L'uis apres eus bien refermerent.

In diesem Thurme befindet sich der Hauptsaal,

4511 La pucele les duist et mainne
En la mestre sale demainne,
Qui estoit dedenz cele tor;

und zugleich ein Gefängniss.

4513 La trouverent en I. destor
Les roys, qui erent en prison,

Auf den Hauptthurm beziehen sich wohl auch

Esc. 21658 en I. manoir a une tour,

Durm. 18593 Lors estoit la bele roine
As creteaz de la tor perine,

denn hier heissen die Thürme der Mauer, wie wir gesehen
haben, toreles, und

Durm. 5580 Palais i ot et haute tor
Qui molt estoit bien cretelee,
Tot environ estoit hordee;

so dass er also aus Stein besteht und natürlich auch von
Zinnen gekrönt ist, die dann mit Schutzvorrichtungen versehen
sind.

Ueber die Lage giebt eine Stelle des Durmart einigen
Aufschluss:

4453 Pres de la sale halt drecie
Siet une grant tors batillie,
Si avoit bien XL. escus (von Besiegten)
As creteaz de la tor lasus.

Anders geartet, — da er erst nachträglich von Madoine
gebaut wird, — ist ein Thurm in dem Schlosse der Feen;
wie der Hauptthurm dient er jedoch als Gefängniss und in-
sofern sei es gestattet, ihn hier anzuschliessen.

4*

Cl. 8343 Cele chambre iert en une tor
De fier (?) marbre fermee entor

Die Decke des Zimmers stützen Pfeiler, aus Bernstein
und Mörtel bestehend, mit Goldschmuck.

8339 Laris ont mis en une chambre,
Dont li piler estoient d'ambre,
Ouvre a or trop soutilment
Comfit et soude a ciment

Die Fenster sind mit schweren Eisen verschlossen,

8352 Li fer n'estoient pas legier,
Qui estoient par les fenestres;

Fensternischen werden nicht vorhanden gewesen sein, vergl.

11184 Seoit souvent a la fenestre,

Die Thür des Zimmers war verschliessbar und wurde von zwei
Bauern bewacht.

11137 Ge m'en vois la chambre fermer,
8355 A l'entrer de la chambre fors
A deus vilains et granz et fors,
Qui cele chambre garderont,

Ein Bauer trägt in das Gefängniss Moos hinein; es fand
jedenfalls zur Bereitung des Lagers Verwendung.

11079 Ainz a la prison desfermee
Et la mousse dedenz portee;

Das Zimmer liegt zu ebener Erde; man kann von dem
draussen liegenden Garten, in welchen man direct durch die
erwähnte Thür gelangt, durch das Fenster in das Zimmer
hineinsehen.

11186 Droit a la fenestre est venuz,
Dedenz regarde,

Der Hauptthurm und auch andere Thürme dienen überhaupt oft als Gefängniss.

Esc. 14248 car quant Caradoz me fist prendre
de la tour, il m'en delivra."

Yvain wird in einem Thurm in der Nähe des Thores gefangen gehalten

11267 I. prison volentiers verroie,
Que j'ai oi en une tour
Lez cele porte en I. destor.

Dieses Gefängniss ist vorher Chartre genannt worden.

9145 L'emprisonnerent (Yvain), ce m'est vis,
En une chartre trop parfonde
Et la plus oscure du monde.

In derselben Burg ist noch von einem anderen Gefängniss die Rede.

11318 Nostre baron le seingnor pristrent,
En I. cep ou pales le mistrent

Ferner

Cl. 12811 (Der Lais Hardis) Gisoit pris en une tornele,
Qui ert assez et fort et bele.

In Thürmen liegen wohl auch Gefängnisse, wie das folgende

Cl. 22430 En une geole gisoient,

wo vier Bauern Tag und Nacht aufmerksam bewacht werden, und

27524 Tant errerent et chevaucherent,
Que le fort chastel aviserent,
Ou li X. compaignons estoient
Emprisonnez et si gisoient
En une chartre laidement.

Voute scheint hier ein kellerartiges Gewölbe, neben dem Palas, zu bedeuten,

Cl. 25478 Doient del pales devaler
Et en une voute avaler,
Que lez le pales trouveront;

es hat weder Thür noch Fenster und ist vollkommen finster.

25502 Claris et Gauvains devalerent
La voute, mes ainc n'i troverent
Clarte ne porte ne fenestre,
Par quoi veissent dedenz l'estre;

Um nicht wieder auf das Gefängniss zurückkommen zu müssen, sei gleich hier erwähnt, dass Gefangene auch im Palas untergebracht werden. In einem solchen milderen Gewahrsam, obschon gefesselt, wird Yvain gehalten.

Cl. 645 Cil l'ont de la prison gete
und 666 De ceste sale devalez,

(sagt Yvain zu den Herren, welche ihn befreit haben); V. 645—666 ist dabei kein Ortswechsel angedeutet.

Cl 20465 befinden wir uns bei König Tallas in Dänemark.

20468 Laris leanz (in dem chastel des Königs) empri-
C. chevaliers le comanderent,   [sonnerent,
Quel garderont et nuit et jor;

und zwar liegt das Gefängniss im Palas

22287 Et il (Brandaliz) fu ou pales venuz,
Mainz chevaliers i a veuz,
Qui estoient emprisonne;

der Ort wird später noch genauer bestimmt: es handelt sich um ein Zimmer des mestre pales

28157 Laris trouverent voirement
En une chambre, ou il gisoit;
V. compaignons o lui avoit,
Li quatre estoient en fers mis,

und z. B.

26926 Atant Dodiniax desarmerent,
El mestre pales l'en menerent.
Quant Laris le choisi venant,
Bien l'a conneu maintenant.
„Vassaux," fet il, etc.

Für die Leichtigkeit der Haft zeugt, dass der menestrel,
für welchen sich ja Dodiniax ausgiebt, zu den Gefangenen
zugelassen wird. Leicht ist auch die Haft des Gifflet,

Esc. 13930 . . . . Gifflet prirent
et a Traversses l'enmenerent
et ilueques l'emprisonerent.

doch gelingt es trotzdem, wenigstens für längere Zeit, den
Gefangenen geheim zu halten.

17017 Et nonporquant nuz ne savoit
dont il ert ne quel non avoit,
au mainz cil qui laienz manoient.

ausgenommen das Hausgesinde und zwei Damen.

14622 mais si tres sagement s'aloit
couvrant que ne le savoit ame,
fors sa maisnie et une dame
et la bele gente d'Irlande

Damen werden in mildem Gewahrsam gehalten

Cl. 8730 . . . . . un deable,
Qui ceanz me tient en prison,

im Saale eines Chastelet, vergl.

8709 (Claris) Et puis est montez en la sale.
8685 ₍Claris) Est a I. chastelet venuz,

Die Gefangene sitzt auf einem Stuhle

8710 Une pucele a color pale
Voit seoir en une chaiere, —

Oft wurden die Gefangenen noch durch Stricke oder
Ketten gefesselt; als Drohung ankommenden Rittern gegen-
über wird ausgesprochen

Cl. 12837 Et en II. chevestres tenir
Et geter en nostre tornele

Bei Tallas

Cl. 22297 En trois paire de fers trestuit
Estoient mis et jor et nuit

Von Gifflet

Esc. 14608 mais qu'en buie ne en anel
fust mis, ne le voloient pas.

Die Buies bestanden aus Eisen oder aus Messing z. B.

Brut citiert von Godefroy unter buie.

Quar les buies del fer pesant
Lo desturbent d'aleir avant.

Conq. de Jérus. 2427. Hippeau bei Godefroy ibid.

Grans moffles ont es bras et buies de laiton.

Die Buies fesselten wohl die Füsse,

G. Les Loh. bei Godefroy ibid.

Unes granz buies ot en ses pies fremez.

Raimb. Ogier. bei Godefroy ibid.

Unes grans buies li ont fermé es pies.

Ben. D. de Norm. ibid.

Kar nos vos faimes or sentir
Que buies peisent, ne s'est liez
Cil qui les traine od ses piez.

Rom. d. l. prise de Jérus. p. Titus bei Du Cange
Des piez est si baillis des Buie[e]s [unter boia.
ou il sont, . . .

Auch mit den Anel werden die Füsse gefesselt.

Huon de Bord., 1457, A. P., angeführt bei Godefroy unter Anel.

Cascuns d'aus ot aniaus en ses pies mis.

Mofle ist wohl immer eine Handfessel.

Besonders zu gedenken ist eines Gefängnisses, in welchem
die Ritter gezwungen sind, schwere Arbeit zu verrichten. Sie
befinden sich in dem Saal des Thurmes, welcher auf einer
Wiese liegt; an dem Eingange des Thurmes ist eine Inschrift
angebracht, über deren Inhalt wir nicht hinlänglich unter-
richtet sind, weil mindestens eine Verszeile, die im Reim zu
merveilleuses stehende, fehlt." T.

2327 Devant cele (turm) tout a l'entree
Avoit letres de sanc escrites;
Laris les choisist, ses a lites;
Les letres dient merveilleuses,
[. . . . .]
Qui touz jours pueent travaillier.

2346 II. autres varlez les menerent
Par les degrez en une sale;
Maint chevalier a coulor pale
Ont en cele sale veu
Mainte besoingne orent eu.

Touz les jours du mont laboroient
Pierres pesanz et granz portoient
Tant n'avoient le jor porte,
La nuit n'eussent raporte.

was die Ritter an schweren Steinen den Tag über zusammen-
schleppen, müssen sie des Nachts wieder hinwegtragen; von
zwei Unholden werden sie dabei bewacht und zu dieser ver-
geblichen Arbeit angetrieben, welche sie bei Wasser und Brot
zu verrichten gezwungen sind.

2355 Dui glouton, ce snchiez, les gardent,
Qui de granz courgiees les lardent (Mussafia)
Souvente foiz par les costez;
2365 Ne menjuent fors iave et pain,

Die Bezeichnung für das Wohngebäude der Herrschaft
in der Burg ist gewöhnlich Pales, welches Wort von Sale
vertreten werden kann. Wenn es heisst, der Ritter steige
„vor dem Saal" ab, so ist damit gemeint, nicht nur vor dem
Saal, sondern vor dem gesammten Palas, Cl. 5047, 6921,
7213; mit den degrez de la sale Cl. 24201 ist ebenso die
Treppe des Palas gemeint, vergl. ferner

Cl. 26119 Vers la mestre sale ancienne
Chevauche
und 26122 Au mestre pales descendi;

Auch mestre mandement Hauptwohnung kann für pales gesagt werden.

Cl. 4375 Vers le plus mestre mandement
S'en vont; el pales descendirent
Cl. 8698 Atant a sa voie tornee
Vers le pales delivrement;
Devant le maistre mandement
Est descenduz de son destrier,

Aehnlich
Cl. 25203   (une quintainne)
. . . droit devant la sale

und es heisst

9247 Devant le maistre mandement
S'asemblerent devant la place;
Cl. 25430 . . le pales aprocherent;
Descenduz sont et puis monterent
Desus le mestre mandement

Mestre mandement wird hier auch in weiterem Sinne
von dem ganzen innerhalb der Mauern liegenden Gebiet der
Burg gebraucht,

Cl. 20509 Einsi chevauche fierement
    Vers un chastel grant aleure,
    Par la porte entra a droiture
    Dedenz le mestre mandement;
Cl. 26231 Droit vers la porte s'est tenuz,
    Dedenz entra delivrement,
    Dedenz le mestre mandement
    Est descenduz del palefroi;

Mestre forterece bezieht sich auch mit auf den Palas, weil er zu der Hauptfestung gehört.

Cl. 17446 Gauvains isnelement s'adrece
    Devers la mestre forterece;
  17537 Mesire Gauvains d'autre part
    Vient au pales delivrement;
Cl. 18394 Devers la mestre forterece
    Descendirent
  18401 El pales montent.

Bedeutendere Burgen besassen der Palasbauten mehrere; die vorzüglichste hiess mestre pales.

Esc. 16302 . . . . . . ses palais
    tout ce lor a Brianz mostre;

In einem alten Schlosse wird ein Palas in Uebereinstimmung damit als der alte bezeichnet:

Cl. 25200 . I. pales ancienneur.

Der Palas war aus Stein hergestellt, meist jedenfalls aus derselben Art von Quadersteinen, welche beim Bau der Mauer zur Verwendung gelangt waren und aus denen z. B. das Haus Cl. 9607 ff. gebaut ist.

    En une forest haute et grant
    Jert cele maison bataillie
    De pierre de carrel taillie.
vergl.

Cl. 25058 Li roys au Cercle d'Or chemine
    Vers la mestre sale perrine,
Cl. 27386 Et Tor toute voie chemine,
    Vers la mestre sale perrine

Der Palas musste, wenn er gefallen sollte, gehörig lang, breit und hoch sein,

Cl. 20861 Mes li pales iert toz entier
    Et plain de molt tres grant richece
    Et lons et de grande largece.
Durm. 1978 . . . el riche palais
    Qui molt ert beaz a III. estages,

oben ist er von Zinnen gekrönt; Lydaine und Claris sind im Pales 15651 ff., vergl.

15686 Lydoine bonnement l'aue,
  Mainte grosse.pierre cornue
  Lor a par les creniaux lancie;

Dadurch wurde der Palas in hohem Grade vertheidigungs-
fähig, eine Eigenschaft, die man von jedem wesentlichen Gebäude der Burg verlangte und welche die Eroberung der Burg
so sehr erschwerte. Hier sehen wir die genannten Personen
thatsächlich eine kleine Belagerung Vieler aushalten.

Dazu soll nun dieses Wohngebäude möglichst reich ausgestattet sein; wer für die übrige Burg nichts thun kann,
sucht wenigstens den Palas in gutem Zustande zu erhalten.

  Cl. 20856 . . . atant s'en va,
    Tant qu'un riche pales trova,
    Qui n'estoit mie des piors;
    Mes parmi le chastel aillors
    N'avoit, qui vausist III. deniers,

Das Erdgeschoss des Palas war gewöhnlich von der
Küche eingenommen, worüber hier indessen nichts gesagt
wird; aber die Thätigkeit der Barone, als sie selbst einmal
gezwungen sind, den Koch zu spielen, ist man geneigt in die
Küche zu verlegen.

  Cl. 18415 Li uns ira faire le feu
    Delivrement et sanz aneu;
    L'autres les oes tuera,
    Plumera et atornera;
    Et el hastier les tornera;
    Et g'irai la saveur forgier,

Unter den Vögeln sind Kapaunen, Hennen und Küchel
zu verstehen, welche jedenfalls auf dem Wirthschaftshofe
herumliefen oder da in Ställen untergebracht waren.

  18426 Aus chapons vont, si en tuerent,
    Poules ont pris a grant plente
    Et poucins a lor volente;

Den Spiess drehen zwei,

  18429 Datis et Delion tornerent,

er bestand aus hartem Holz, woraus ihn die Köche sich selbst
zurecht schneiden.

  Ren. 922, Méon. bei Godefroy unter hastier.
  Deus hastiers firent (in der Ausg. von H. Martin S. 136, Z. 170,
    [für diese drei Wörter Et les espois font) de plançons
  De codre.

Von der Sauce heisst es

  18430 Et Claris et Laris broierent
    Les saveurs

hat broier hier die Bedeutung garkochen, wie noch jetzt in der Alchymie?

Es fehlt nicht an Ysop, einer Art Extract, um den Durst zu löschen,

> Cl. 18448 Claris court a I. Ysope,
> Dont a boivre lor aporta;

und Lebensmittel sind in der Küche vorräthig.

> 24153 Et puis vers la cuisine va,
> Viandes assez i trouva;
> 24298 Mordrez tout droitement s'avoie
> Devers la cuisine a droiture,
> Viande voit a desmesure,
> Qui bien estoit appareillie;
> Gras chapons a la sausse aillie
> J avoit et Mordrez en prist;

Sonst ist die Küche das Gebiet der Köche.

> Cl. 18146 Et endementiers atornerent
> Li queu richement a mengier,

Der Weinkeller ist wohl gleichfalls im Palas zu suchen,

> Cl. 24157 Vient au pales, d. h sale.
> 24161 El celier trait vin a foison;

Mordrez fängt den abgezapften Wein in einem Becher aus Maserholz auf.

> Cl. 24305 . . . . puis tret du vin
> Et met el henap maderin.

vergl. Schultz, Bd. I, S. 378, Anm. 3.

In dem zweiten Geschoss des Palas, in welches man vermittelst einer Freitreppe gelangt, liegen die Wohnräume. Diese Treppe, perron, degrez, wird, besonders im Claris, sehr oft erwähnt, was auf ihre Beliebtheit in Frankreich schliessen lässt, s. Schultz, Bd. I, S. 57, Anm. 2.

Der Zusatz Mestre zu Perron in dem von Schultz angeführten Beispiele kommt dieser Treppe zu als der hauptsächlichen, nicht unter denen desselben Palas, denn dieser hatte wohl nur eine, sondern unter den Treppen der verschiedenen Palasbauten derselben Burg.

An der Freitreppe steigen die Ritter in der Regel ab und auf.

> Cl.   878 Aus degrez les a fet descendre
> Esc. 14066 le roi et monseingnor Gavain
> c'au perron furent descendu.

Cl. 439 Aus degrez lor chevaux traverent
Et lors meismes i (vermuthlich statt il nach Tob-
Cl. 987 Aus degrez s'en vont belement [ler) monterent.
Enselez treuvent lor chevax,

. . . .

Li baron deseure monterent,
Cl. 6020 Lors est la royne avalee
, Les degrez, ou palefroi monte.

Knappen, deren Zahl in unseren Romanen vier nicht
übersteigt, nehmen die Rosse der Ankommenden in Empfang,
um sie in die nahe liegenden Ställe zu führen.

Cl. 5771 Droit aus degrez sont descenduz
Et ont lor palefroiz renduz
Aus escuiers delivrement;
Cl. 1554 II. escuiers lor chevaux prendent,
En une estable les menerent,
Cl. 8587 IV. escuier contre li saillent,
De lui desarmer se travaillent,
Son destrier metent en l'estable,

Ist kein Knappe da, so befestigt der Ritter sein Ross
wohl selbst an einem Baume auf dem Hofe, wie wir gesehen
haben, oder an einer Freitreppe, falls er nicht, wie Claris
einmal, vorzieht, sein Ross in den Stall zu führen:

8700 ff. Devant le maistre mandement
Et descenduz de son destrier,
Mes ainc nul ne li tint l'estrier.
Claris une estable trouva,
A quoi son cheval arresna;

vergl.
Cl. 3640 A I. pales d'ancesserie,

. . . .

Descendirent li dui baron;
Jluec trouverent I. perron,
Ou leur deus [chevaus] atacherent,
Cl. 24124 Devant le mestre mandement
Est descenduz de son destrier,
Mes ainz nus ne li tint l'estrier
Et il a I. perron le loie.

Auf der Freitreppe kann der Herr der Burg, allein
oder mit seiner Gemahlin, kann auch die Herrin allein den
Gast empfangen,

Cl. 12383 Droit aus degrez sont descenduz.
Bedoiers est contre eus venuz,
Il et li sires du chastel
Les a reçut et bien et bel;

Cl. 7599 Vers le mestre pales s'en vont,
Le roy aus degrez trouve ont;
Dejouste soi iert la royne,
Qui les bons chevaliers encline,
Qu'au perron ierent descenduz;

und

Cl. 1546 Aus degrez la royne vint,

1551 Lors sont li chevalier venu,
Claris et Laris compaignon,

. . . .

Aus degrez droitement descendent etc.

Cl. 23083 Qui devant le pales seoit
Pour la bataille, que veoit:

ob die Herrin dabei auf der Treppe des Palas Platz genommen
hat oder vielmehr auf einem besonders hergerichteten Sitz,
wird nicht gesagt.

Die Thür, welche von der Freitreppe aus in das Innere
des Gebäudes führte, war nun, wohl aus fortificatorischen
Rücksichten, schwer aus Holz gefügt; wie das Thor der Burg,
wird sie von den Zinnen aus vertheidigt.

Cl. 15706 Lors li refont une envaie,
Pres n'ont la porte detrenchie;
Mes Claris forment la desfent,
Car mainte grosse pierre prent,
Sor eus gitoit a grant esploit;

Ausserdem besass der Palas noch andere Thüren oder Thore,
besonders kleinere Ausfallsthore.

Cl. 15578 Par tout le pales revercherent,
Tout ocient, quan qu'il troverent;
Puis ferment portes et postiz,

Die Thore des Palas eher, als die Thüren des Saales
scheinen mir, dem Zusammenhange nach, an der folgenden
Stelle vorzuliegen:

Cl. 28149 Aus portes de la sale vienent,
Isnelement les ont fermees
Et verroilliees et barrees

denn von den Thoren des Palas ist nicht die Rede und es
musste dennoch den Rittern darauf ankommen, sich den Besitz
des gesammten Palas zu sichern.

Sollte der Schutz des Palas einem Einzelnen anvertraut
werden, so war es vortheilhaft, die grösseren Thore fest zu
verschliessen und die Wache an einer kleinen, daher leicht
zu vertheidigenden Pforte aufzustellen.

Cl. 28215 Au postiz mistrent, ce me semble,
Dodiniaux, qui portier sera,
Qui le pales lor gardera;

Gewöhnlich tritt man nun von der grossen Freitreppe
aus nicht unmittelbar in den Haupttheil des Palas, den Saal,
sondern es zieht sich zwischen demselben und der Längswand
des Gebäudes ein Corridor hin, die Loge. Unsere Dichter
sprechen davon nicht, doch ist ihnen Loge in anderer Bedeutung bekannt:

Cl. 27728 Li escuiers tant le mena,
Qu'a une loge l'asena,
Ou plus de C. escuz pendoient;

vergl.

27728 Le premier, qu'il fu conseuz,
Feri I. petit de sa lance
27754 Ainsi I. petit atendirent,
Tant que du manoir issir virent
A lor avis I. chevalier,

Diese Loge liegt also ausserhalb des Manoir, von einem
Gebäude, an welchem sie sich vorfände, ist nicht die Rede und
so denkt man an Loge Zelt, vergl.

Cl. 28360 Drecier font tres et paveillons,
Loges et brehains granz et lons.
Esc. 18738 mais voist, ne soit mie esbais,
le roi Artu as loges querre
Esc. 21568 li rois meismes s'en repaire
de Bretaingne as loges arriere,
Esc. 24040 et erra tant c'as loges vint. (Tobler)

Das Wort bezeichnet auch ein Schaugerüst, so an der
schon angeführten Stelle Esc. 217, ferner

Esc. 3095 Les loges et les eschafauz
et autres estres biauz et hauz
fist efforcier et amender;
Durm. 6419 En mi la place ara drecie
Une loge molt envoisie
a III. estages haute et lee,
Tot environ enfenestree.

vergl.

6844 En mi lieu de la place droit
Avoit une loge de fust,
La plus bele qui onques fust,
N'ert pas mains haute d'une tor,
III C. fenestres ot entor.

In den Saal gelangte man von der davor liegenden Loge
aus durch eine Thür, so

Cl. 18473 Touz seus en la sale monta,
     A l'uis I. petit escouta,

wo wenigstens kein Grund vorliegt, sale gleich pales zu
setzen, wenn auch von einem Laubengange nicht die Rede ist.

Ob der zu Besuchende im Saal anwesend ist oder nicht,
erfährt man, nach einer Stelle des Durmart, von einem der
draussen stehenden Pförtner.

9491 Tot parlant montent les degres.
     Al un des huissiers a dit Kez,

Wie bereits angedeutet wurde, kann das Wort pales
an die Stelle von sale treten, wie das Umgekehrte der Fall war.

Cl. 20411 Droit au pales assemble sont,
Cl. 21394 Li baron el pales monterent,
     Tables sont mises etc.
Cl. 25162 Atant droit ou pales monterent,
     Dui escuier le[s] desarmerent,
     Puis lor aportent II. ma[n]tiax
     D'escarlate fres et nouviaux;
     Atant desus I. banc s'asistrent,
Cl. 26175 Atant sus el palais revint,
     Li sires jouste lui l'asist, etc.
Esc. 6095 puis resont el palais monte,
     quant a Keu orent pris congie;
     et sitost qu'il orent mengie,
     les dames et les damoiseles,
     les meschines et les puceles
     conmencierent a caroler.

Gemeint ist in jedem dieser Fälle der Saal.

Das Epitheton mestre, welches sale gegeben wird, deutet
darauf hin, dass es der Säle mehrere gab, von denen einer
als der Hauptsaal betrachtet wurde.

Cl. 21759 Atant ensemble o lui l'en mainne
     En la mestre sale demainne,
     Qui molt iert bele et bien assise
     Et ouvree toute a devise;

Diese Stelle zeigt zugleich, dass in einem Palas mehrere
Säle liegen konnten, denn bevor Guerrehes von der Jungfrau
in den wohlgelegenen und prächtigen Hauptsaal geführt wird,
befindet er sich in einem einfachen Saal.

21745 Atant en la sale l'en mainnent,
     De lui ennorer molt se painnent.
     Es vous venant une pucele!

sie will ihm äusserlich solche Ehrerbietung erweisen, wie sie
es mit den Worten thut

21757 . . . . . . „Bien soiez venuz
Et a grant joie receuz!"

Daher die angeführten V.

Atant ensemble o lui l'en mainne
En la mestre sale demainne,

Sonst wird auch ein Saal als mestre sale bezeichnet im Verhältniss nicht zu den Sälen desselben Palas, sondern zu denen anderer Palastbauten.

Cl. 22277 Quant vit, qu'a la porte est venuz,
Ne s'est gaires iluec tenuz,
Ainz s'en vet vers la mestre sale,

Auf Reichthum und Sauberkeit des Hauptsaales wird hingewiesen, wie überhaupt auf die Schönheit des Saales gebührender Nachdruck gelegt wird.

Cl. 22280 (s. o.) Qu'iert molt riche, non mie sale;
Cl. 17544 En la sale, qui molt iert bele;
Cl. 24501 Atant en la sale l'en mainne,
Qui de molt grant biaute iert plainne,

Im Allgemeinen sind die Angaben über den Saal ziemlich dürftig; von dem Fussboden ist nur die Rede als von einem Pflaster:

Cl. 5774 Puis monterent le pavement,
En la sale le roy trouverent,
Cl. 16671 Paumez chai ou pavement.
Cl. 23025 Erraument aus degrez descent,
Puis monte sor le pavement.
Cl. 28119 Vers le pales s'acheminerent,
Montez sont sor le pavement;

Bei festlichen Gelegenheiten wird der Saal mit frischen Binsen bestreut.

Durm. 6312 La sus el haut palais l'en mainent
Qui molt estoit riches et beaz,
Tos fu joncies de joins noveaz.

Die Wände sind in dem Feenschlosse bemalt, — was an die Ausstattung antiker Häuser erinnert, und erfreulich absticht gegen die Einförmigkeit moderner Tapeten, — wie denn die Dichter überhaupt in die Schlösser der Feen und der Zauberer die grösste Pracht verlegen:

Cl. 29293 De tant se sont aparceuz,
Qu'il gisoient en I. pales,
Qui molt iert richement portres;

Einmal wird berichtet, dass sich auf einer Wand eines Saales eine geheimnissvolle Inschrift befindet,

Cl. 25443 Et il lor dient, qu'il n'a el,
Qu'en la maisiere la iroient,
Les letres lor esponderoient,
Que la trouveroient escrites;
Granz sont ne sont mie petites,

der Inhalt der Schrift hat sich seit v. 25078 geändert; der vorher nur angekündigte Ritter wird an der vorliegenden Stelle als kürzlich eingetroffen bezeichnet.

25078 Les letres en latin disoient,
Tuit chevalier, qui passeroient
Errant parmi cele cite,
Demorroient par verite
Tant, que li vrais compainz venroit,
Qui son vrai compaignon querroit; etc.

25452 Les letres dient voirement,
Que venuz est nouvelement
Cil, qui la cite meteroit
A point et puis s'em partiroit;
Dui seront, plus n'en i covient,
Et pour itant lor escouvient (Förster)
Les deus meillors d'ax toz ealire.

Sollten die Wandmalereien zur Geltung kommen, so musste der Saal möglichst hell sein. Er empfängt sein Licht durch Fenster:

Durm. 4405 Molt i ot . . . . . .
Palais et sales fenestrees,

Waren sie nach der Innenseite der Burg zu angelegt, so war entweder keine Loge da und die Fenster des Saales befanden sich in der Mauer des Palas, oder die Saalfenster gingen auf den Laubengang. An den folgenden Stellen ist es zweifelhaft, welcher Art die Fenster des Saales sind,

Cl. 9251 La royne vint aseoir
Du pales a une fenestre
Pour veoir, conment poroit estre
En Gaheriet emploiee,
S'iert a la fenestre apoiee;

Cl. 18493 Claris iert a une fenestre,
Du chastel veult regarder l'estre,

Cl. 28194 Et puis sont venuz as fenestres;
Du chastel regardent les estres,
Pou i voient chevalerie;

Dagegen hören wir nun öfter in bestimmter Weise von Fenstern nach der Aussenseite der Burg zu, wo sie angelegt werden konnten, wenn ein Angriff von der Seite nicht zu befürchten war, der Palas hinreichend geschützt lag.

Diese Fenster boten grosse Vortheile dar, besonders übersah man von hier aus das Land, bemerkte Feind und Freund schon von weitem, ohne den Wohnraum verlassen zu müssen.

Cl. 18706 Aus fenestres s'estoit tenuz
Claris et ses compainz Laris,

. . . .

Quant Gauvain choisirent venant,
Bien le conurent maintenant;
Claris et Laris devalerent
La sale, contre lui alerent.

Cl. 27716 Li biaus mauves avant esgarde
Vers le manoir, que pas ne tarde,
Aus fenestres voit damoiseles,
Dames, meschines et puceles;
Apoiees sont aus fenestres,
Dont trop bien li plesoit li estres;

Cl. 29876 Aus fenestres iert rois Henris,

. . . .

. . . .

Vers l'ost a sa chiere tornee,

wo allerdings nur gesagt ist, dass sich der König im mestre mandement befinde,

29906 Devant le mestre mandement
Descendirent conmunement;
Li rois est encontre venuz,

Von den Fenstern des Saales aus sieht auch der greise König Ladont mit seiner Gemahlin einem Turnier zu, welches vor der Burg statt hat.

Cl. 7289 . . car I. tornoi demande
Defors les tres en mi la lande.

vergl.

7378 En vostre sale monterez
Aus fenestres demainement
Pour veoir le tornoiement;

Beim Hinaussehen konnte man sich, wie wir schon aus einem Beispiel gesehen haben, ganz bequem auf das Fenster aufstützen.

Cl. 19594 Marine s'estoit apoie
Du pales a une fenestre,
Car de Laris veult veoir l'estre.

Scheibenglas in den Fenstern galt als grosser Luxus, es war aber selbst mit diesem nur eine mittelmässige Helligkeit zu erzielen, da man sich noch der kleinen grün-

lichen Butzenscheiben bediente; vollends Fenster mit Horn-
platten, gefirnisstem Pergament u. s. w. liessen nur geringes
Licht hindurch. So erklärt sich die folgende Stelle:

Rose, 14487, Méon bei Godefroy unter estre.

Qu'el n'entrecloe ains les fenestres,
Que si soit umbragies li estres,
Que s'ele a ne vice ne tache
Sor sa char, que ja cil nel sache.

Unter den mestres fenestres sind die Hauptfenster des
Saales zu verstehen, welche an Grösse und an Pracht andere
Fenster, wie solche in den Ecken angebrachte oder die der
Zimmer übertrafen.

Cl. 28744 Aus mestres fenestres seoient,
Par la contree regardoient,

Wer mehr Helligkeit im Saale haben wollte, konnte die
Fenster öffnen, musste aber, in der rauhen Jahreszeit, mit
dem Licht zugleich die kalte Luft einströmen lassen. Diesem
Umstande, überhaupt der Kälte zu begegnen, legte man
Kamine an. In den beiden Romanen wird der Kamin nur
einmal beiläufig erwähnt.

Esc. 7905 el chief ot I. hiaume de fer,
qui el fun d'une cheminee
avoit jut mainte matinee,
pour ce que nuz n'en avoit cure;

Die Kamine haben sich in Frankreich, wie in England,
bekanntlich allgemein bis auf den heutigen Tag erhalten, trotz
mancher Uebelstände; zu diesen gehört, dass sie nur so lange
Wärme verbreiten, als Feuer in ihnen ist. Schon damals
indess liess man, so wohlfeil das Brennmaterial war, das
Feuer doch nicht den ganzen Tag über brennen.

Durm. 9158 „Va t'en" fait il „esperonnant,
Fai tost un grant fu alumer."

Lästig war dann auch der Rauch, welcher leicht in den
Wohnraum getrieben wurde, und lobend erwähnt der Dichter:

Durm. 9502 Laiens el palais sunt venu,
Lors truevent grant fu sens fumiere.

Brannte das Feuer nach Wunsch, so stellte man Sitze
um den Kamin, schloss, wenn es Abend war, die Fensterläden
und erleuchtete den Saal mit Kerzen. Da konnte man sich
dann ganz behaglich fühlen.

Durm. 9174 Li fus est alumes et fais,
Li siege sunt fait environ.

5*

Bien semble ostex a haut baron,
Les chandoilles sunt haut levees
Qui sunt a la perce alumees,

Es werden nun in unseren Romanen mehrere anscheinend
dauernd im Saal befindliche Sitzplätze erwähnt, zunächst die
Bank, über die wir nichts Genaueres erfahren; es ist
entweder eine einzeln stehende oder die, welche sich an der
Wand des Saales hinzuziehen pflegte,

    Cl. 24128 . . . . s'avoie
        En la sale
vergl.
    24134 Sor I. banc s'est alez seoir,
        Si se desarma erraument etc.
    Cl. 25162 . . . ou pales monterent
vergl.
    25166 Atant desus I. banc s'asistrent,
        De mainte chose a parler pristrent; etc.

auch einzelne Stühle waren wohl dauernd im Saal aufgestellt,
so der, auf welchem die gefangene Jungfrau sitzt, Cl. 8710,
s. o. Sonst ist der Stuhl ein Ehrensitz

    Cl. 15130 Bien avoit de joie sa part
        Laris, qui sa seror veoit,
        Que li roys Artus aseoit
        En la cheoire (von zweifelhafter Form nach Tob-
                  [ler) por royne,
        Car Laris l'amoit d'amor fine.
    Cl. 20518 Atant el pales l'en menerent,
        I. vieil home seant trouverent
        Seur une trop riche chaiere,
        Qui iert d'or devant et derriere.

Dieser Stuhl soll also aus Gold, mit dem die Dichter
ja verschwenderisch genug umgehen, bestanden haben.

Gleichfalls aus Gold, das man mit Schmelzarbeit verziert hat und in welches kostbare Edelsteine im Uebermass
eingelassen sind, ist ein Faltestuhl sarazenischer Arbeit, der
seinen Platz nur zufällig in einem Zelt hat.

    Cl. 14482 Puis s'est assis et acoutez
        Desus I. faudestuel d'or fin,
        Que firent mestre Sarazin
        En une ille d'outre le mer,
        Ne faisoient mie a blaumer;
        Plus valoit de V. C. besanz,
        Entor iert larges et pesanz

Et ouvrez a euvre fondice;
Cil ne fu ne povres ne nice,
Qui le fonda et qui le fist;
Pierres precieuses i mist,
Esmeraudes et crisolites,
(Et) (zu streichen nach Mussafia) maintes autres
 [pierres escrites; (eslites?)
Bericles, topaces, rubiz,
Jagonses, diamanz, safiz;
Tieux pierres sont en l'or assises
Et a droite nature mises
Fors tant, que trop en i avoit.

Einige Nägel und Pflöcke, welche in die Wand einge-
schlagen waren, vervollständigten die Einrichtung des Saales;
an jenen wurden Schilde aufgehängt, welche so zum Schmuck
des Saales beitrugen, wie auch heute noch Waffenstücke als
Decoration verwendet werden; und nicht blos die Schilde des
Herrn der Burg, auch die von Gästen fanden da ihren Platz.

Durm. 3832 Doi vallez qui del ostel furent
Et son cler helme li osterent,
La sus el palais l'em porterent.
Li valles qui porta l'escu
A un clou de fer l'a pendu.

An einem Pflock, falls dieser sich wirklich im Saal befand, was nicht ausdrücklich gesagt ist, hing etwa das Tischtuch zu augenblicklichem Gebrauch bereit, eine Sitte, die nur
einen practischen Grund hätte haben können.

Cl. 24157 . . . . . la table a mise
Et la nape desus assise,
Qu'il trouva a une cheville;

Im Folgenden wird noch von anderen Einrichtungen
des Saales die Rede sein; sie sind nur durch gewisse Lebensgewohnheiten verständlich, welche deshalb zugleich mit zur
Sprache gebracht werden müssen.

Der Saal dient nicht nur als Wohnraum für den Herrn
der Burg, er ist überhaupt der Mittelpunkt des ritterlichen
Lebens innerhalb der Burg. Der Gast wird hierher geführt
und, nachdem ihm die schwere Rüstung abgenommen ist, mit
einem Mantel bekleidet. Dieser Mantel bildete ein Stück des
Hausrathes einer jeden Burg; es war ein bequemes Kleidungs-
stück und er schützte trefflich vor Erkältung, wenn der durch
das Tragen der Rüstung erhitzte Ritter schon vor dem Be-

treten des Saales oder des Palas entwaffnet worden war,
denn auch in diesem Falle wurde ihm der Mantel von den
Knappen umgehängt.

> Cl. 10273 Dui escuier le desarmerent,
> D'un riche mantel l'afublerent.
> Pour le froit, que ne le preist,
> Que mal au cors ne li feist;

die Stelle bezieht sich auf Bedoier, welcher eben einen sieg-
reichen Kampf bestanden hat.

Die Länge und die Breite dieser Mäntel waren sehr
verschieden und es ist anzunehmen, dass Grösse und Pracht
ihrer Ausstattung sich nach den Mitteln des Besitzers richteten.

> Cl. 21742 Puis li afublent voirement
> I. mantel d'escarlate fine,
> Qui jusqu'a la terre traine;
> Cl. 10517 Li dui, qui Claris desarmerent,
> I. court mantel li afublerent;
> Li sire en la sale l'en maine,
> Qui de lui ennorer se painne.

In dem Darbieten eines kürzeren Mantels liegt also
durchaus nicht etwa das Zeichen geringerer Achtung.

> Cl. 21430 Atant un escuier s'avale
> Parmi les degrez de la sale.
> Cil a Agravain desarme
> Et d'un court mantel afuble;
> Cl. 22895 Puis ont les barons afuble,
> Chaucun d'un mantel grant et le;

Verschieden, wie die Grösse, waren auch die Stoffe, aus
denen die Mäntel bestanden. Meist bedient man sich eines
kostbaren Wollenstoffs, escarlate, welcher womöglich frisch
und neu sein soll.

> Cl. 3008 . . . . ses desarmerent
> Puis lor afublent III. mantiaux
> D'escarlate fres et noviaux.
> Cl. 9308 Puis li afublent I. mantel
> D'escarlate fres et nouvel.
> Cl. 14078 Puis l'afublerent d'un mantel
> D'escarlate fres et nouvel,
> Cl. 25164 Puis lor aportent II. ma[n]tiax
> D'escarlate fres et nouviaux;

Ein Mantel und eine cote, der lange Rock der Männer,
ausnahmsweise aus ganz grobem Tuch, werden dem Durmart
in dem belagerten Mühlenschloss gegeben, da bessere nicht
zur Stelle sind.

Durm. 11257 Li Galois n'a pas robe vaire,
        Mais d'un burel gros comme haire
        Li font vestir cote et mantel.
        Telz robes avoit el chastel,
        Autre n'orent li esquiier,

Dagegen waren nun auch Mäntel aus Seide üblich,

Cl. 22897 N'estoient pas tissu de laine

solche aus goldgestreifter Seide mit rothem Saume werden
einmal erwähnt; sie gewährten ohne Zweifel einen schönen
glanzvollen Anblick, der, wenn er künstlerisch zur Geltung
kommen sollte, einen entsprechenden farbenreichen Hinter-
grund, Malereien oder Teppiche an den Wänden des Saales
erforderte.

Cl. 1253 De II. mantiaus les afublerent
        D'un drap de soie a or bende;
        Li dras ert d'un vermeil cendé
(für rende; cendé wird nach einer mir gütigst von Herrn Prof. Tobler
mitgetheilten Vermuthung auch sicher in der Hs. stehen. Rende ist sonst
        unbekannt.)
        Les II. pennes ierent d'ermines,
        Blanches con noif bones et fines,

Wir bemerken gleich hier das prächtige Futter aus
Hermelin, welches von den Dichtern häufig erwähnt wird.
Schön müssen auch die Mäntel aus rothem Seidenstoff, porpre
sanguine, oder aus samit, einem starken festen mit Gold- oder
Silberfäden brochirten Seidengewebe, gewesen sein.

Durm. 6294 A son col li ont atieble
        I. mantel de porpre sanguine,
        Forre d'une penne d'ermine.
Durm. 4984 D'une robe de chier samis
        Et d'ermine le fait parer,

derselbe samit oder ein ähnliches Gewebe scheint mir an der
folgenden Stelle gemeint zu sein:

Cl. 17928 Et puis les chevaliers menerent
        El pales, si les afublerent
        De II. mantiaux a or tissuz,
        De plus riches ne vit ainc nus;

Feen haben diese Mäntel gefertigt und jeden mit den
Federn dreier Phönixe gefüttert.

17932 Fees les firent outre mer,
        Ne faisoient pas a blaumer;
        Les pennes ierent de fenis,

D'un oisel; . . . . .
. . . .
. . . .
III. en a en chaucun mantel.
De fin or ierent li tassel;

Vom Futter des Mantels ist schon gelegentlich die **Rede**
gewesen; Hermelinfutter ist auch sonst, so bei den **Frauen-**
röcken, zur Verwendung gelangt.

> Cl. 26168 Robe d'une escarlate fine,
> Forree de penne d'ermine,
> Molt estoit richement ouvree
> Et environ bien geronnee.

Der Mantel wird zusammengehalten von einer Schnur,
welche an zwei Plättchen (tassel) auf den beiden Seiten des
Mantels befestigt ist; die tassel bestehen im Claris aus Gold,
vergl. ausser der obigen Stelle:

> 3650 Puis lor afublent II. mantiaus,
> Dont d'or estoient li tassiaus,
> 20516 Puis l'afublerent d'un mantel,
> Dont d'or estoient li tassel.

Anderer Art und nicht hierher gehörig ist der **Frauen-**
mantel aus Grauwerk, „denn gris giebt nicht die Farbe an"
T., welchen Cl. 25862 die Herrin eines Schlosses anlegt,
als sie in der Nacht das Bett verlässt.

> D'un gris mantel s'est afublee; —

Nicht nur der Einzelne wurde im Saal empfangen; hier
konnte eine grössere Anzahl von Personen vereinigt werden,
und so dient der Saal zu ernsten wie zu festlichen Versammlungen, besonders an den Tagen der grossen Hoffeste.

> Cl. 20409 Lors poissiez veoir armer
> La plus bele gent de cest mont;
> Droit au pales assemble sont,
> Li roys Artus i est venuz,
> Quant a les chevaliers veuz.
>
> Cl. 6903 A Carradigant iert li rois,
> Qui tant par iert preuz et cortois;
> Lez li se seoit la royne,
> Mainte dame de biau covine
> Poissiez veoir par la sale,
> Qui n'avoit pas la color pale.
> Entre eles iert assis Gauveins,
> Laris et Claris et Yveins
> Et maint chevalier de haut pris, etc.

Nachdem das grosse Turnier vor Bauborc stattgefunden hat, vereinigen sich die Damen und die jungen Leute, um in dem Saal zu tanzen.

Esc. 6095 Puis resont (der König von Irland, der König
[von Nordhumberland und viele andere) el palais
[monte,
quant a Keu orent pris congie;
et sitost qu'il orent mengie,
les dames et les damoiseles,
les meschines et les puceles
conmencierent a caroler.
laienz r'ot maint bon baceler
qu'encore n'erent pas si las
qu'il n'amaissent bien le soulas
de teus dames avoir laienz,

Cl. 21372 Pour nostre feste celebrer,
Verrez chevaliers assembler
Plus de deus cenz,

vergl.

21394 Li baron el palais monterent,
Tables sont mises, si mengerent,

. . , ...
Et quant li mengiers fu fenis,
Si fu la feste comenciee;
La ot mainte dance danciee

u. s. w., bis zum nächsten Morgen

Toute la nuit dusqu'au demain,

Wie diese Beispiele zeigen, wurde im Saal auch gegessen. Zum Frühmahl wie zum Abendessen trug man die Tische, welche zur Mahlzeit dienten, hinein und nach dem Gebrauch wieder heraus.

Cl. 23871 Atant a l'en les tables mises
Esc. 23043 Les tables refurent assises
Durm. 3202 Et doi damoisel s'entremisent
De metre la table erranment[.]
Sor II escameas bassement.

Die Platte des Tisches ruhte also auf zwei Bänken oder auf zwei Schemeln und war deshalb sehr niedrig.

Cl. 18171 Puis que la table fu ostee,
Cl. 25831 Mengie ont, les tables osterent
Li escuier delivrement.

An der aus mehreren Tischen gebildeten Haupttafel sass der Fürst,

Cl. 16322 A maistres tables sist li roys

sie ist wohl auch an der folgenden Stelle gemeint:

Cl. 1934 Quaut en la sale fu venuz,
Vers le maistre doiz est venuz,
Ou la royne se seoit.

doch hat dois auch die Bedeutung Thronhimmel; diese liegt
wohl vor:

Durm. 5003 Seoir le fait a I. haut dois
Dejoste lui comme cortois.

Esc. 1570 ce dist li rois qui fu au dois:

Fraglich ist mir diese Bedeutung

Durm. 807 La roine s'en va manois
Seoir pardesus un halt dois.

hier ist man wohl genöthigt, das Wort mit „Estrade, Büne" zu
übersetzen.

Nach alter Sitte wird über den Tisch ein Tuch gedeckt.
Es war von weisser Farbe, so dass es durch seine Sauberkeit gleich in die Augen fiel. Auf feines Gewebe legte man
Gewicht, zumal da wohl die Herrin der Burg selbst von
ihren Dienerinnen den nöthigen Bedarf an Leinwand her-
stellen liess.

Cl. 4124 Ja estoient mises les tables,
Les blanches napes delitables
Furent par desus estendues;

Cl. 3011 Les tables estoient dreciees,
Les blanches napes deliees
Furent par desore getees;

Vergl. Schultz, Bd, I., S. 369 f., Anm. 2.

Stühle und Bänke wurden meist auch nur vorübergehend
mit den Tischen in dem Saal aufgestellt; hier erfahren wir
nur, dass man beim Essen sass.

Cl. 4276 Atant sont au mengier assis,

Nachdem durch eine Fanfare das Zeichen zum Beginn
des Mahles gegeben war,

Cl. 3271 Atant a l'en l'iave cornee,
Li escuier l'ont aportee;

ganz ähnlich v. 12415, wäscht man sich zunächst die Hände,
was nach vollendetem Mahle zu wiederholen nothwendig war,
da man mit den Fingern anstatt mit der Gabel ass. Zum
Abtrocknen benutzte man ein weisses leinenes Handtuch.

Durm. 10492 Et blanche tuaille de lin

Im Esc. wird ein solches Handtuch im Freien gelegentlich einmal als Tischtuch gebraucht.

714 si mirent sour l'erbe nouvele
adont une blanche touaille;

Messer und ein Salzgefäss gehörten auf jeden Tisch;

> Durm. 765 Blanches napes, coutelz et sel
> Veissiez aval cel ostel.

Mit den Messern schneiden die Edelknaben vor.

> Cl. 3020 Devant les trois barons servoient
> Ou coutel ententivement;

Vom Geschirr wird, im Durmart, der Napf esquiele erwähnt, aus dem bisweilen bekanntlich zwei speisen.

> 5259 Li Fel de la Garde s'assist
> Et le Galois par la main prist,
> A une esquiele mangierent,

Zum Trinken bediente man sich goldener Becher,

> Cl. 3026 Et autre dui (nämlich escuier) endementiers
> Versent vin menu et sovent
> A coupes d'or trop lieement.
> Durm. 2203 Li nains lor aporte le vin
> A une grant cope d'or fin,

silberner Schalen

> Durm. 1047 Je faiz porter . . . .
> . . . .
> Et un molt bel henap d'argent

solcher aus Maserholz, ausser einer gelegentlich schon erwähnten Stelle,

> Cl. 28528 Le vin demande Saledins,
> A riches henas maderins
> L'aporterent etc.

und endlich einer Art von Trinkgefässen in Gestalt eines Schiffes.

> Durm 833 Apres fu li vins aportees
> A copes d'or et a grans nes.

Der Wein wurde in Kannen auf den Tisch gebracht, vergl. Schultz, Bd. I, S. 376, Anm. 4.

> Esc. 9701 il m'en a tant dit qu'alouer
> li ferai ja plain pot de vin,
> voire IV., bien le devin."

Nach dem Mahle fanden häufig allerlei Lustbarkeiten statt; es sei erlaubt, hierbei auf die Spiele hinzuweisen,

> Esc. 14342 et cil qui autre ju savoient
> de dez ou d'eschez ou de tables
> ou des autres jus delitables
> se rejouoient par laienz;

Würfel, Schachbrett und Brettspiele sollten deshalb womöglich in jeder Burg vorhanden sein.

Auf der Abendtafel waren Lichte aufgestellt, auffallender
Weise auch Fackeln, deren Qualm beim Essen lästig sein
musste, wie denn überhaupt der ganze Saal Abends er-
leuchtet war.

> Durm. 3905 Asses i ot vin et viandes
> Et chandoilles, tortices grandes
> Qui sor les tables ardent cler,
> Durm. 8242 Bien sunt servi et largement
> De riches mes et de bons vins,
> De chandelles et de tortins
> I fu molt grande la clartes.

Ausser den Talglichten, chandelle, wurden auch Wachs-
lichte, cierge, gebraucht.

> Durm. 359 El palais fu la grans clartes,
> Molt i ot cierges alumes
> Durm. 9772 Ainchois que li jors puist faillir,
> J a C. tortins alumes,
> Durm. 12093 Piecha que li jors est faillis,
> Laens a grans tortins espris;

Fackeln und Kerzen mussten wegen ihrer häufigen Verwendung, auch sonst, in Vorrath da sein. Edelknaben und
Diener leuchten den Gästen damit, u. s. w.

> Durm. 3853 Atant estes vos II. sergans
> Qui portoient cierges ardans
> Cl. 18151 Quant li baron furent deduit
> Tant, que venir virent la nuit,
> Es vous I. escuier venant,
> En sa main I. tortis tenant!
> Cil les a menez a devise,
> On les tables estoient mise.
> Cl. 15574 La dame n'a plus arreste,
> I. tortiz, qu'orent aporte,
> A pris pour les barons veoir:
> Cl. 29410 Et cil erraument se leverent,
> Tortiz et cierges alumerent;

Nur ausnahmsweise benutzte man den Saal auch zum
Schlafen,

> Cl. 18491 Li baron ou pales estoient,
> Lor liz font, car couchier voloient.

wo dem Zusammenhang nach wohl der Saal gemeint sein
dürfte, und

> Cl. 24168 En I. lit aaisieement,
> Qu'iert en mi le pales, se couche;

Beide Male haben die Ankommenden Niemand in der
Burg angetroffen.

Wenn gleichwohl oft von im Saal aufgestellten „lit" die
Rede ist, so sind darunter die Spannbetten, welche als Sophas
dienten, zu verstehen.

> Cl. 3652 Sor I. lit sont assis ensemble,

d. h. Claris, Laris und die zwölf Damen, was für diesen Sitz
eine ziemliche Länge voraussetzen würde. Er soll, wie die
meisten anderen Dinge der Burg, möglichst reich ausgestattet
sein; kostbar waren Bettstellen aus Elfenbein.

> Cl. 3031 Et puis s'asistrent par delit
>   Tuit troi desus I. riche lit
> Cl. 1261 Sor I. lit d'yvoire massis,

vergl. Schultz Bd. I, S. 87, Anm. 6.

Die Längsseiten sind oft noch mit Darstellungen von
Blumen und Thierfiguren geschmückt.

> Durm. 244 Lors s'asient ambedui jus
>   Devant un lit qui molt fu bealz,
>   Ovres a flors et a oisealz.

Die beiden Querleisten waren miteinander verbunden
und der sich ergebende Rahmen mit Stricken überspannt.
Auf diesem Strickwerk liegt das Federkissen und darüber
wird eine gesteppte Decke gebreitet.

> Durm. 3075 Li lis estoit et hauz et grans
>   Et beaz et riches et plaisans,
>   Mainte uevre i avoit bele et cointe,
>   Covers d'une coute porpointe
>   Qui n'estoit pas vies ne usee,
>   La coute fu eschequeree
>   D'orfroi et de vermel samis.

Besonders leisteten diese Spannbetten gute Dienste,
wenn Jemand, ermüdet und erhitzt vom Kampfe, sich aus-
ruhen wollte.

> Cl. 25577 Puis les asistrent (Claris und Gauvain) lieement
>   Desus I. lit por refroidier
>   Et pour lor membres deroidier,
>   Car trop avoient coux euz,
>   Cil s'en sont bien aparceuz.

Noch eines anderen Lagers oder Sitzes wird gedacht:
auf dem Fussboden wird eine Strohdecke ausgebreitet und
auf diese werden grössere und kleinere Kissen gelegt, auf
welche man sich stützen kann.

> Cl. 25205 I. viel home seant trouverent
>   Leanz, sa main a son menton,
>   . . . .
>   . . . .

Apoiez iert sor une nate,
Seur cossins et seur orilliers;

Ausser dem Saal liegen nun in dem Palas weiter noch
Zimmer. Cl. 15581 Vers les chambres sont revertiz
(im Palas, nachdem sie die Thore geschlossen haben).

Wir betrachten zunächst das Zimmer der Herrin, in
welchem sie ebenso waltet, wie der Herr der Burg im Saal.
Man konnte zu diesem Raume durch den Saal gelangen,

Cl. 439 Atant de la chambre partirent,
Et puis la sale descendirent,
Aus degrez lor chevaux troverent

dass es sich um das Zimmer der Königin handelt, lehrt

v. 407 Layris est allez congie prendre
A sa seror sanz plus atendre;
Claris jouste lui mene a,

Aus der folgenden Stelle scheint hervorzugehen, dass die
Königin in einem besonderen Palas wohnt, wenngleich die
Ritter auf der Freitreppe des Hauptpalas von dem Königs-
paare empfangen werden und die Deutung von Pales gleich
Saal nicht ausgeschlossen werden kann:

Cl. 7599 Vers le mestre pales s'en vont,
Le roy aus degrez trouve ont;
Dejouste soi iert la royne,
7606 (Qui) Droit en sa chambre les mena;

und

7647 El mestre pales s'en monterent

Wir erfahren von einem Kamin in dem Zimmer einer
Königin, es war somit heizbar.

Durm. 14069 S'en est li chevaliers tornes,
Si est a la roine ales,
En une chambre l'a trovee
Par devant une cheminee

Was die Ausstattung des Zimmers der Herrin angeht,
so erfahren wir nur von einer Bank, welche sich da befunden
hat, abgesehen von Spannbetten, wovon z. B. das angeführte
Cl. 1260 ff. in dem Zimmer einer Königin aufgestellt ist.

Cl. 16340 Lors est la royne levee,
Si s'en est vers la chambre alee.
16346 Laris en la chambre s'en entre,
16351 A l. ban le covint tenir,

Die Herrin empfängt hier die Besuche von verwandten
oder befreundeten Rittern, denen sie besondere Ehrerbietung

erweisen will. So sagt die Gemahlin des Artus zu Gauvain, der ermüdet ist:

> Esc. 7346 „Biauz niez, vouz estes traveilliez
> et tonz de travail escilliez;
> si vous pri que vouz en venez
> dedenz ma chambre et amenez
> Gifflet

Im Folgenden kommen dann noch der König selbst und der Bel Desconneu hinzu.

> Esc. 23403 Adont prist monseignor Gavain
> la roine parmi la main
> et vindrent en la chambre amont
> qui la pluz bele fu dn mont.
> li rois laiens se deshuesa
> et de paroles s'aaisa
> as dames et as damoiseles
> doint laienz ot assez de beles.
>
> Cl. 1248 Qui (die Königin) Claris et Laris en maine
> En la soe chambre demainne,

wo sie entwaffnet werden und wo ihnen die Jungfrauen der Königin kostbare Mäntel, von denen oben die Rede war, umhängen.

In diesem Zimmer finden sich daher auch die Ritter ein, wenn sie von der Dame Abschied nehmen wollen; ausser der Stelle oben vergl.

> Esc. 23512 et prist congie mult doucement
> a la roine et ele a lui;
> mais n'ot en la chambre celui
> cui li departirs ne grevast.

Aus zwei Stellen scheint hervorzugehen, dass man hier auch das Mahl eingenommen hat. Auf die citirte Stelle Cl. 1248 ff. folgt

> 1270 Si fu tens de la table metre;
> Cil, qui s'en durent entremetre,
> Les ont mises etc.
>
> Cl. 1558 Et li baron o la reine
> S'en vont, qui avoit color fine,
> En sa chambre meismement.
>
> 1568 Quant li baron desarme furent,
> Les tables sont mises, si furent
> A mengier communablement;

eine ausdrückliche Bestätigung fehlt freilich.

Es kommt auch vor, dass die Herrin einen Verwundeten in ihrem eigenen Zimmer aufnimmt.

Cl. 13380 A Karradigant l'em porterent
En la chambre tot droitement
La reyne; conmunement
Appareillient Laris I. lit;

Wie der Fürst in dem Saal, so konnte die Fürstin
ihrem Zimmer eine Berathung abhalten,

Cl. 14073 (das Vorhergehende s. o.)
Si avoit o li assenble
De son consel a grant plante.

so dass es ziemlich geräumig gewesen sein muss.

Nicht immer weilen die Mädchen und die Jungfraue
um ihre Gebieterin; auch für sie sind Zimmer vorhanden,
welche sie sich zurückziehen können.

Durm. 228 En la chambre entre liement,
232 Liez est, quant seule l'a trovee.
Ses meschines et ses pucelles
Estoient en altres chambreles.

Das Zimmer der Marine liegt, wie es scheint, in einem
besonderen Palas.

Cl. 19717 Nostre baron se desarmerent
Et puis el pales en monterent;
Laris en la chambre s'en vint etc.

vergl. die angeführten Stellen, v 19465 ff., 19470 ff.

Ebenso scheint ein Zimmer in einem besonderen Palas
gemeint:

Cl. 26163 IV. puceles l'en menerent
En une chambre seulement,
Si l'atornent (den Kalogrenant) sifaitement,
Con l'en doit pucele atorner.

26175 Atant sus el pales revint,

Das Spannbett, welches sich in dem Zimmer der Marine
befindet, wird identisch sein mit dem Bett, in welchem sie
schläft. Uebrigens hören wir, dass ihr Zimmer verschliessbar ist.

Cl. 19273 Claris fet la chambre fermer,
Puis vint devant le lit ester
Ou la pucele se gisoit.

19771 Desus son lit s'estoit assise
Con damoisele bien aprise,

Eine Jungfrau kann in ihrem Zimmer ebenfalls befreun-
dete Ritter empfangen.

Cl. 19719 Laris en la chambre s'en vint,
Gauvain par la main destre tint;
Quant Marine les voit venant,

Cl. 19768 Lors s'em part Claris maintenant,
En sa chambre treue Marine,

Cl. 29105 Droit vers la chambre s'en alerent,

(Gauvain und Yvain, der Bruder der Marine)·

Ou Marine grant duel feisoit

Etwas reichhaltiger sind die Angaben über die Zimmer der Herren.

In dem Zimmer des Bel Escanor, welches freilich nicht im Palas liegt, befindet sich ein Schemel, ausserdem ein Spannbett.

Esc. 24528 en une chambre devala,
trop grande dolor demenant.

24568 et se bleca mult durement
du cheoir a I. eschamel,

24707 Tout ensi faitement pensis
ert li Biax Escanors assis
sour I. lit, d'anoi toz lasses;
et quant il se fu rapenssez,
il se dreca, el palais vint

Bei der Gastfreundlichkeit jener Zeit, — die übrigens auch heute noch auf romanischem Boden in hohem Masse besteht, — gehörten Räume für Fremde wohl zu einer jeden Burg. Offen und freundlich wurde der Gast empfangen, Eigenschaften, welche dem harmlosen französischen Volkscharacter wohl bis auf den heutigen Tag zu eigen geblieben sind.

Was die Lage des Fremdenzimmers anbetrifft, so steht nach der folgenden Stelle zu vermuthen, dass es tiefer liegen kann, als der Saal.

Cl. 4118 J'oi cele sale forment bruire,
Ja iert grant tens d'aler mengier."

4120 Einsi en la sale monterent,

Nach Cl. 18256 ff. ist nun nicht zu entscheiden, ob die Fenster dieser Zimmer nach der Aussenseite der Burg oder nach deren Innenraum zu gingen,

Ceus de laienz voit atornez,
Pour atendre ceus, qui venoient;

weil hier die Kämpfer der Burg innerhalb und ausserhalb derselben aufgestellt sind, doch ist wohl nach Cl. 20813 das erstere anzunehmen.

Si li a la teste coupee;
Et puis el fosse le lança
Par la fenestre, qu'il trouva;

und zwar befindet sich Gauvain, welcher den Körper seines

6

Wirthes so zum Fenster hinauşwirft, nach v. 20793 in dem
Fremdenzimmer.

> Qui en la chambre le coucherent,

Nach der Seite des Hofes zu werden diese Zimmer
ebenso wenig wie der Saal Fenster gehabt haben, weil sich
in der Regel der Laubengang vor ihnen hinzog. Für einen
besonderen Ausgang des Gastzimmers, sei es in die Loge, sei
es in den Saal, spricht die Thatsache, dass es dem Dodiniax
gelingt, sich unbemerkt von seinem Zimmer aus wegzustehlen.

> Cl. 26835 Et li hostes sanz demoree
> Est levez, si s'est atornez;
> Vers la chambre s'en est tornez,
> Ou il fist Dodiniaus couchier;
> Forment se prist a merveillier,
> Quant Dodiniax pas ne trouva,

Die Gastzimmer, von denen wir das am ausführlichsten
beschriebene, um den Gesammteindruck eines solchen Raumes
zu empfangen, gesondert betrachten wollen, waren nach den
Schilderungen der Dichter oft mit grosser Pracht ausgestattet:
Wände aus weissem harten Marmor und Pfeiler mit Marmor-
stücken belegt (s. Romania XVIII 145, lambre gleich dallage
en pièces de marbre, nach G. Paris) werden da genannt.

> Cleom. Ars 3142, f⁰ 40₀ bei Godefroy unter liois.
> Cleomades dedens sa chambre
> Dont li pilers furent de lambre,
> Et en estoient li parois
> Ouvrees de marbre liois.
> Cl. 3713 Dont li piler ereut de lambre

wo die Besserung Försters in l'ambre oder estoient d'ambre
nunmehr unnöthig ist.

Das Schlafzimmer des Claris und Laris ist goldgestreift
die Wände sind mit Teppichen geschmückt.

> Cl. 1286 En une chambre a or listee,
> Molt richement encortinee
> De courtines de granz deliz
> Orent parez II. riches liz,

Das Gastzimmer musste natürlich mit einem oder mit
mehreren Betten versehen sein. Die Spannbetten, welche am
Tage als Sophas dienten, konnten leicht in Ruhelager umge-
wandelt werden. Man breitete dann über die gesteppte Decke
ein leinenes Betttuch und legte Kissen darauf. Mit einer
pelzgefütterten Decke deckte man sich zu.

Durm. 15158 Et mesire Durmars se gist
Desoz I. covertoir d'ermine

Eine warme Decke war nöthig, weil man ja gänzlich
unbekleidet zu Bett ging.

Cl. 8060 Ou Claris se gisoit toz nuz;
Esc. 4208 mais adont le coucherent nu

(den verwundeten Königssohn von Escossuatre.)
Das Bett war mit Vorhängen versehen, Vorläufern des
jetzt noch vielfach in Frankreich üblichen Betthimmels.

Cl. 28968 Une nuit se gisoit Marine
En sa chambre soz sa cortine,

Einmal ist von einem Zauberbett die Rede, welches
Jeden, der darin liegt, zum sofortigen Einschlafen veranlasst.

Cl. 24447 Car li liz est de tel nature,
Qu'il n'a el monde creature,
Que maintenant ne s'endormist,
Puis qu'el lit sa teste meist;

Vor dem Bett liegt dann noch aus Gründen der Bequem-
lichkeit ein Teppich.

Durm. 3198 Tot maintenant li fait estendre
Devant son lit un drap de soie
Qui resclarcist et reflamboie,

Standen mehrere Betten in einem Zimmer, so waren sie
wohl in gewissem Abstande von einander aufgestellt, nicht
nebeneinander.

Cl. 3880 Lors est de son lit avalez (Laris)
Et vers le lit Claris alez;

Morgens war es Sitte, sich die Hände zu waschen, doch
fehlen hier nähere Angaben darüber.

Esc. 10337 mais ainsi que ses mainz lava,
vint li chastelainz:

dies hat zwar in einem Ostel statt; allein die Stelle darf hier
stehen, weil die Sitte eine allgemeine war.

Die Thüren der Zimmer müssen ziemlich stark gewesen
sein vergl.

Cl. 15462 Se il (der Wirth gewaltthätig) vouloit ceanz venir,
Bien le porroit li huis tenir,
Tant que voz armes avriez,

Die Gastzimmer waren verschliessbar; aber nur, wenn
besonderer Anlass vorliegt, machte man von dieser Möglichkeit Gebrauch.

Cl. 15470 La chambre ferme fermement

weil Gefahr im Verzuge ist.

Cl. 20816 Et puis a la chambre fermee,

aber erst, nachdem eine gefährliche Störung durch den Wirth
stattgehabt hatte.

Dagegen tritt eine Dame ohne Weiteres in das Zimmer
ihres Gastes ein.

Cl. 25866 La dame est en la chambre entree,
O Elidus . . . .
Gisoit

Man trägt kein Bedenken, mehrere Gäste in einem
Zimmer unterzubringen.

Cl. 12423 En une chambre a grant delit
Ont chaucun fait faire I. biau lit,
Claris et le cortois Laris

Cl. 25839 Et li dui autre fereors
En une chambre se cocherent;

während Elidus, aus besonderen Gründen, ein Zimmer allein
erhält.

Eine gastlich — hier freilich in ihrem eigenen Manoir
— aufgenommene Dame erhält natürlich ein besonderes Zimmer.

Cl 8867 Lor dame en une autre (chambre, als das Zimmer
[des Claris) cocherent

Den Verwundeten und Kranken wird in ihren Zimmern
sorgfältige Pflege zu theil, wie am deutlichsten das Beispiel
der Marine lehrt. Von anderen, wie von dem Bel Escanor,
dürfen wir sicher annehmen, dass sie in ihren Zimmern verpflegt werden.

Esc. 13843 mais il (der Bel Escanor) en jut mult longuement,
ancois qu'il peust sainement,
de cele plaie estre sanez.

und zwar

23634 . . . . . pluz d'un an.

Erwähnt wird auch ein „heimliches Zimmer," worunter
doch wohl die mittelhochdeutsche heimliche, das Privatzimmer
der Herrschaft zu verstehen ist; es zeichnet sich hier durch
seine Länge und durch seine Breite aus und dient dem Claris
ausnahmsweise als Schlafzimmer.

Cl. 8864 Claris coucherent, n'i ot el,
Dedenz une chambre celee,
Qui molt estoit et longue et lee;

Schliesslich sei des eingehender geschilderten Zimmers
gedacht, welches Brianz dem König Artus hat bereiten lassen.

Das Pflaster glänzt wie echtes Gold,

Esc. 15584 el pavement n'ot pas I. dor
qui ne samblast touz de fin or;
es ist bestreut mit Minze, Veilchen, Ringelblumen und anderen Blumen, die sich durch ihren schönen Duft auszeichnen.

15579 . . . une chambre bele,
bien jonchie d'erbe nouvele,
de mentastre et de violetes,
de soussies et de flouretes,
que mult getoient grant odor.

Die Wände sind mit Darstellungen aus der antiken Sagenwelt geschmückt. Sie bilden vier Abtheilungen, welche man naturgemäss geneigt ist auf die vier Wände des Zimmers zu vertheilen.

Erstens: Der Raub der Helena durch Paris, weiter die Landung und die erste Niederlage der Griechen.

15599 conment Paris ravi Elaine
et li meschiez et la grant paine
que cil de Troyes en soffrirent.
paint estoit conment Griu issirent
des nez pour Menelant vengier,
15606 conment l'ost de Gresse esperdue
fu a la rive et mesmenee etc.

Zweitens sehen wir dargestellt den Kampf der Griechen und der Trojaner miteinander, Hector sammelt seine Schaaren; wäre nicht Achilles erschienen, so würde er vier Könige gefangen genommen und getödtet haben. Diese Stelle ist mir nicht ganz klar: einmal heisst es „il ocist IV. rois" und dann „il les eust ou mors ou pris", ich halte das letztere für eine freilich nicht widerspruchsfreie Erklärung des ersteren. Achilles bemächtigt sich des Troilus; man sieht den sterbenden Deiphobus, Paris und seine Brüder, die trauernde Hecuba, Polyxena und Helena.

15687 Et d'autre part r'ert paint ensi
conment premerainz s'en issi
Hector lendemain fierement,
et conment tout premierement
assambla devant ses conrois:
en cele bataille premiere,
et fu paint eu quele maniere
il les eust ou mors ou pris,
s'Achilles ne l'eust sozpris
qui touz les Grigois en venja:
conment Achilles damagea
les Troyens de Troyluz:

conment morut Deiphebuz,
Paris li preuz et si bel frere,
le duel qu'Ecuba fist sa mere;
Polizena et dame Elayne.

Drittens sehen wir auf einem mittleren Bilde, wie Achilles durch Paris zu Grunde geht und wie Polyxena in der Nähe eines Tempels stirbt.

15704 en l'autre painture moiaine
refu la mort Achilles painte
15708 paint fu conment fu atrapez
pour l'amor de Polizenain
et conment Paris de sa main
l'ocist assez vilainement;
et conment li Diu vengement
prirent de la pucele apres,
car ele morut assez pres
du temple a duel et a haschie: etc.

Schliesslich ist auch die Landung des Aeneas bei Carthago und Dido dargestellt.

15734 d'autre part Dydo de Cartage
r'ert painte si tres noblement
qu'il vouz samblast visablement
qu'ele vouz regardast des iex.
Eneas ert encore miex
painz et fais selonc son endroit,
et sambloit que par la mer droit
alast aucun liu prendre port;
mais n'estoit pas par grant deport
selonc que mostroit la painture;
ainz aloit conme en aventure,
si conme unz hons desconseilliez
c'adez quide estre perilliez.

vergl. Schultz, Bd. I, Anm. 3.

Allenthalben befinden sich in dem Zimmer kostbare Steine.

15586 mais les pierres I. grant tresor
resambloient valoir qui mises
furent environ et assises
cele chambre que je devis;

An dem linken Thürpfosten hängt eine Zaubergeige.

15871 (die Fee) ot a l'uis de la chambre bele
mise a senestre une viele
qui faite ert par enchantement;
16409 .   .   .   .   ceste viele
qui a cest postel pent mout bele,

Das Hauptstück des ganzen Zimmers ist das Bett.
Füsse und Querleisten sind aus dem Holz der Sycomore hergestellt und mit Gold geschmückt.

> 15841 Li chaalis d'un sicamor
> estoit, touz ouvrez a fin or
> si bel et si soutivement
> qu'il vouz fust avis etc.

Die Füsse ruhen auf dem Rücken von vier Löwen,
welche aus Gold gefertigt sind und Feuer und Flammen
speien. Doch drohen sie nur dem, welcher sich dem Bett
nähert; wer darin liegt, hat nichts von ihnen zu fürchten.

> 15848 li pecoul sour IV. lionz
> furent assis en chevauchant;
> 15863 . li lyon qui d'or estoient
> fu et flambe a granz rais jetoient
> par les bouches orriblement:

15861 heisst es

> Li lion d'or fin tresgete

d. h. aus echtem geschmolzenen Golde, wie tresgete erklärt
wird von P. Meyer, Glossar zu Alexandre le Grand.

> 15881 Et cil qu'el lit couchiez estoit
> les lions de rienz ne dotoit

Die Seitenwände bestehen aus japhe, ein Wort, dessen
Bedeutung mir unklar geblieben ist. Herr Prof. Tobler theilt
mir gütigst mit, dass sich das Wort auch in der Conquête
de Jérusalem ed. Hippeau v. 5500 finde.

> 16039 de japhe furent les costieres,

die vordere besteht aus Ebenholz und ist mit goldenem Ranken-
werk verziert; ein roth gehaltenes kleines Gemälde stellt Juno
und den von ihr geliebten Achilles dar.

> 15891 li bors devant ert d'ebenuz,
> Aussi riche c'onques vit nus,
> A vingnetes d'or etc.
> 15896 Une painturete vermeille
> i ot des fais d'une diuesse,
> de Juno qui enchanteresse
> fu la meillor c'onques fust nee.
> cele fee s'amour donee
> ot Achilles par sa fiance.

Die sehr hohe Kopfwand besteht aus eingeschnittener,
mit Gold und Silber geschmückter Arbeit.

> 15907 . hauz fu de III. toises granz.
> 16057 Li fonz refu bien entailliez
> d'or et d'argent si artilliez

par art et par enchantement
qu'il vouz samblast visablement
que nuz n'i coneust jointure,

Auf diesem Grunde sind leuchtende Edelsteine: Rubine,
Smaragde, Diamanten, Saphire und Carsaudes (?), ferner
künstliche Rosenknospen angebracht.

15944 car en ce bort que je vous di
ot pierres qui enluminoient
la chambre et qui clarte donoient
laienz, tant qu'il en ert mestiers;
15957 rubis ne fines esmeraudes,
dyamanz, saphirs ne carsaudes
ne pierres de haute noblece
16052 maint boutoncel samblant a rose
i veissiez, si tres bien fais
et si noblement contrefais
que roses sambloient noveles,

Das Bett ist mit frischem weichen Stroh angefüllt,
welches lieblicher duftet als Lilien.

16066 de fuerre blanc mol et novel
et plus flairanz que flors de lis
fu emplis touz chis chaalis.

Zwei Queutil sind darüber gelegt; der eine ist mit den
heilkräftigen Federn des Alphaisvogels angefüllt und mit
Goldtuch aus Syrien überzogen, wir haben es also hier mit
einem Federkissen zu thun; von dem zweiten Queutil heisst
es nur, er bestände aus samit und die Zieche aus glatter
rother Seide, an der Seite ist er mit Knöpfen befestigt, so
dass man ihn wie eine Decke beliebig gebrauchen oder weg-
ziehen kann.

16069 Li keutiex ne fu pas vilainz:
16072 la plume . . . . .
16074 d'oisiauz fu de coi orendroit
voit on petit par le pais.
les genz les clainment Alphais etc.
16103 Cele plume s'a tel mecine
et si precieuse et si fine
c'unz hom du flair porroit garir, etc.
16128 . la toie ert tote nouvele
d'un drap d'or ouvre de Surie
16135 Un autre queutil d'un samit
i ot qui par desuz fu mis,
atachiez a boutonz d'encoste
conme couverture c'on oste
quant on veut et remet arriere.

nepourquant la toie fu chiere
et faite par mout grant maistrise
d'une soie vermeille alise.

Ueber diesen Queutil wird die gesteppte Decke gelegt.

16143 Desuz ot une coute pointe

Wie sonst breitet man über das Ganze weisse leinene
Betttücher.

16146 li lincuel de si noble affaire
furent co me a fine devise
et furent de si bele assise
et si cousu deliement
et si delicieusement
que c'estoit merveille a sentir.

15578 la couche le roi blanche, mole
fist faire en une chambre bele,

Während der Queutil, von dem oben die Rede war, als
Decke doch nur benutzt werden kann, wenn man sich des
Bettes als eines Sophas bedient, haben wir nun von der
eigentlichen Decke des Bettes zu sprechen. Sie besteht aus
tyrischem Tuch und ist mit einem wohlriechenden Futter aus
den Federn eines „osterain," eines mir unbekannten Vogels,
versehen

16152 li couvertoirs d'un drap de Tir
16162 la pene fu d'un osterain,
d'un oisel etc.
16165 Ceste pene ert bone et legiere
et riche de grande maniere
et mieuz flairanz que nule rose;

Das Bett wird vervollständigt durch zwei Kopfkissen
aus grünem samit, mit Gold gesäumt und mit acht Knöpfen
zugeheftet.

16176 Desuz le chevet r'avoit mis
II. oreillers d'un vert samis
a une bordeure d'or,
a VIII. boutonz etc.

Vergl. Schultz Bd. I., S. 86.

Ueber der hohen Kopfwand des Bettes und jedenfalls
damit in Verbindung gesetzt, befindet sich ein künstlicher
kleiner Baum. Auf seinen Zweigen trägt er Vögel, welche
mittelst eines leicht abzustellenden Mechanismus singen; eine
Röhre führt von dem Baum aufwärts; an deren Ende befindet
sich ein Engel mit einer goldenen Trompete. Setzt man ihn
mit der Röhre in Beziehung, so ertönen aus der Trompete

wunderbare Weisen und es erschallt der Gesang der Vögel;
bei veränderter Stellung des Engels ertönt nur die Trompete.

```
15960 au chief desuz I. arbrissel            .
      ot contrefait,
15977 r'avoit fait sor chascune brauche
      oisiauz trestoz vis par samblance
      qui si tres doucement chantoient etc.
15982 et qui ne vausist le soulas
      des oseillonz ne le deduit,
      cil de laienz restoient duit
      d'un engien faire qu'il savoient,
15990 I. tuelet d'or . . .
      qui de l'arbre ranpoit amont.
      I. angle le pluz bel du mont
      ot el tuel, el chief deseure,
      et ot cil angles en mainte eure
      une trompe d'or en sa bouche
16022 ne couvenist fors c'on eust
      l'angle I. petit torne sor coste,
      n'en issist puis ne sonz ne note
      s'on nel retornast a son droit,
      mais lors retrompast orendroit;
      et s'on le tournast au tuel,
      li oisel joie et grant revel
      fesissent tant que l'en vausist.
      mais qui la trompe en retraisist
      et ostast fors du tuielet,
      il n'i eust ja oiselet
      qui se meust nes que painture;
      mais l'angles r'ert (nach Tobler) a sa droiture
      qui remenoit sa melodie
      trop plus grant que je ne vouz die.
```

Neben den Zimmern werden die estres zunächst, nach
Neumann, Z. f. r. Ph. V. 385, äussere Räumlichkeiten, dann
Räumlichkeiten, Theile aller Art eines Hauses, erwähnt.
Schultz, Bd. I, S. 109, hält sie für Balkons, fragt aber, ob
es vielleicht nur die Fensterbrüstungen sind. Vergl. ibid.
Anm. 6.

Die Bedeutung Balkon passt

```
Esc. 14766 s'en vindrent devant li en l'estre
           a unz querniauz ou ele (die Königin) estoit,
```

auch

```
Esc. 16966 et qu'en chambre, en sale et en estre
           aloit avoec lui
```

obgleich man hier schon in estre einen geschlossenen Raum,

wie das Zimmer und der Saal es ja sind, vermuthen kann.
Auch wenn man liest

> Cl. 26787 Car m'amie est dedenz cel estre,
> Qui vorra la joste veoir;
> Aus fenestres la voi seoir.

und vollends die citirte Stelle Rose, 14487, Méon bei Godefroy unter estre:

> Qu'el n'entrecloe ains les fenestres,
> Que si soit umbragies li estres, etc.

so ist klar, dass estre einen geschlossenen Raum ebenfalls
bezeichnen kann. An mehreren Stellen ist es schwer, eine
Entscheidung zu treffen,

> Cl. 10822 Estes vous, qu'un valet avale,
> Si le saisist par la main destre,
> Si l'en mainne en I. trop bel estre!
> Une dame . . . .
>
> . . . .
> Est tout droit contre li venue;

doch scheint auch hier die Bedeutung, welche eben angegeben
wurde, besser zu passen; es klingt wenigstens unwahrschein-
lich, dass ein Empfang auf dem Balkon stattgefunden haben
solle.

> Esc. 15070 li sires contre lui devale
> qui des estres l'avoit veu

hier ist mir die Bedeutung zweifelhaft, während ich im folgenden Falle der Bedeutung estre geschlossener Raum den Vorzug
geben möchte, weil der Ausdruck: „An den höchsten Fensterbrüstungen" zu gesucht erscheint.

> Cl. 18963 Uriens iert aus plus hauz estres
> Del pales, as mestres fenestres,
> Choisi les chevaliers combatre, etc.

Mehrere dieser Beispiele zeigen, dass man von den hoch-
gelegenen estres aus gern den Kämpfen vor der Burg zu-
schaute.

Im Cl. sowohl wie im Escanor findet sich estre daneben
in weiterem Sinne gebraucht. Einrichtungen ähnlich den für
das Turnier errichteten loges und eschafauz bezeichnet das
Wort

> Esc. 3095 Les loges et les eschafauz
> et autres estres biauz et hauz

Auf das Cl. 11651 genannte chastel bezieht sich estre

> Cl. 12956 Gauvains se fu partiz de l'estre
> Aus chevaliers, qu'il (lies quil) herbergerent,

Cl. 25084 Jusqu'au jor les couvenroit estre
    En cele vile et en cel estre,
auf mestre sale 25059 bezüglich.
Esc. 4075 D'une part l'amaine en I. estre,
    Une pierre li a moustree, etc.
die Fee dem Laris, dem Zusammenhang nach etwa „Platz."
Auch der Söller wird im Claris erwähnt,
Cl. 16509 Plaines sont maison et solier
    De chevaliers et de barons,
Schultz, Bd. I, S. 110, hält ihn für eine Plattform, giebt
aber seiner Ansicht nur Wahrscheinlichkeit; an dieser Stelle
ist es wohl „Dachstube."

Interessant ist ein Thurm, welcher zu einem Palas gehört und von ihm aus betreten werden kann. Claris und
Lydaine ziehen sich in denselben zurück, als schon die anderen
Theile des Palas in die Hände der Angreifer gefallen sind,
und da vertheidigen sie sich. Selbst einzelnen Theilen der
Gebäude wird so die Möglichkeit selbstständig vertheidigt zu
werden verliehen Hier wird diese Möglichkeit, wie es wohl
öfter der Fall war, den Burginsassen verhängnissvoll.

Cl. 15772 Ja avoit perdu le pales,
    Entrez ierent tuit a I. fes
    Cil du chastel conmunement
    Fors qu'en une tor seulement,
    Ou Claris et Lidayne estoient,
    Qui durement se dementoient,
    Car cil du chastel assailloient, etc.

Die Thatsache, dass Claris von dem Thurm aus einen
Ausfall macht, deutet auf einen besonderen Ausgang des
Thurmes hin; sein Pferd findet er am Fusse desselben.

15816 Atant ist Claris de la tor
    . . . .
    Lidaine l'a bien refermee;
15821 Sor I. destrier, qui tost le porte,
    Qu'il trouva au pie de la tor.

Aehnlich verhält es sich vielleicht mit dem Thurme, von
dem aus Marine dem Kampfe der Ritter zusieht
Cl. 1'029 Bien le voit de la tor Marine,
denn vorher heisst es
18963 Uriens iert aus plus hauz estres
    Del pales, as mestres fenestres,
wo Marine bei ihm weilt,
18974 Li roys Uriens s'est tornez
    Vers Marine,

doch kann sich hier allerdings ein nicht angegebener Ortswechsel vollzogen haben.

Die Gebäude sind mit Ziegeln, mit Schiefer oder mit
Blei gedeckt, für das Letztere stehe hier ein Beispiel aus
dem Durmart:

> 6196 Li manoirs est bien hebergie;
> Car n'i a chambre ne maison
> Qui ne soit coverte de plon,

und schon von weitem sieht man die Schornsteine ragen.

> 6199 De loins perent les cheminees
> Qui laens sunt en haut levees.

Garten.

Mit lebhaften Worten schildert der Dichter des Claris
das Erscheinen des Frühlings und versetzt seinen Helden in
einen Garten.

> 155 En may, quant li orieux crie
> Et li aloete s'escrie

(das Komma der Ausgabe ist zu tilgen, escrie ist Substan-
tiv, Tobler)

> Prent contremont l'air a chanter,
> Pour les fins amanz enchanter,
> Et li soleus de ses raiz cuevre
> La terre, pour embelir l'uevre,
> Claris en I. vergier seoit;

Man sehnte sich nach dem langen Winter, welchen man
in den nicht immer behaglichen Räumen zugebracht hatte,
hinaus ins Freie; vor Allem suchte man da den in der Nähe
des Palas liegenden Garten auf. Ein grosser Theil des festlichen öffentlichen Lebens, wie des stillen privaten geht nun
hier vor sich, und grössere Gesellschaften weilen hier eben-
sowohl, wie der Einzelne.

Die Gärten, vergier der Obstgarten und jardin der
Blumengarten, lagen womöglich innerhalb der Befestigung.

Cl. 18126 Ou porpris avoit arbrissiax
Et fruit de diverses manieres;
so dass der Obstgarten
18142 Puis les mena por deporter
En I. vergier
wohl hier liegen dürfte.

In der Regel lag der Garten wohl in der Nähe des
Palas; wie hätte man sich auch sonst so oft darin aufhalten
können? Von Bäumen, die hier gezogen werden, wird nur der
Birnbaum, von Blumen nur die Rose erwähnt; junge Bäume
scheinen sich einer gewissen Beliebtheit erfreut zu haben.

Esc. 9990 „Biauz sire, des poires quellies.
Je n'ai mie mult escillies
vos entes ne maumis vo lieu."
3997 S'iert (statt si ert, Tobler) apoiee sor le rain
D'une ente, qui bien li plesoit,
De roses I. chapel fesoit.
Cl. 18142 Puis les mena por deporter
En I. vergier, qui molt ert biax
Et plain de menuz arbrissiax;

In dem Garten befinden sich Sitzplätze,

Cl. 4004 Si l'a dejouste lui assis.

welcher Art sie waren, sagen unsere Dichter nicht. Im
Durmart werden einfach seidene Tücher auf dem Boden ausgebreitet.

4585 Desoz l'arbre fu esteudus
Uns dras de soie a or batus.

Einige Male werden ein Thurm und ein Garten in Beziehung gesetzt, so an der angeführten Stelle Esc. 15560 ff.,
wo die Lage des Thurmes in den Worten v. 15569 angegeben
wird, „welcher hinter einem Garten sich öffnete, d. h. einen
Ausgang nach dem hinteren Theile eines Gartens hatte" T. Der
Thurm konnte hier, abgesehen von Vertheidigungszwecken für
die Burg, sehr wohl dazu dienen, den Garten überwachen zu
lassen.

Auch in einem Garten des Yonet, welcher zu dessen
Ostel gehört, liegt ein Thurm. Er ist mit einem Fenster,
unten mit einer Thür versehen und man kann von ihm aus-
in ein anstossendes Zimmer hinabsteigen.

Esc. 9823 el vergier bel et agreable s'en vint

vergl.

9765 et les mena sauz plus atendre

veoir ses beles pescheries,
ses vergiers et ses praeries.
et mult d'autres lix delitables;
9647 Yones en un prive lieu
r'eut fait le seneschal aler,
en une tor dont devaler
pooit en une chambre encoste.
9833 la ou Kez avoit fait maint tor
a la fenestre
9817 et cele ot ja esploitie si
c'a l'uis de la tor fu venue.

Schliesslich sei erwähnt, dass auch der Thurm, in welchem Laris von der Fee Madoine zurückgehalten wird, ebenfalls in einem Garten liegt; sie will ihm dadurch den Aufenthalt in seinem schönen Gefängniss angenehmer gestalten.

Cl. 8350 Ainsi le voudroit retenir
Cele touz jours en I. vergier; .

Vielfach hielt man sich nun in den Gärten auf. So begiebt sich Laris morgens dahin, gleich nach dem Aufstehen,

Cl. 3988 Laris se lieve isnelement,
3991 Et il s'en vet tot deduisant
De la chambre en I. jardin;
Molt faisoit seri le matin.

und ebenso findet sich die Fee Madoine da ein.

3994 Madoine la fee iert levee
Et dedenz le jardin entree
Pour la douçor du tens serain;

Claris liest in dem Garten

162 En un petit livre veoit
La mort Tibe et Piramus
Et come Hebe et Firamus
Morurent d'amors voirement.

Damen und Ritter gehen nach dem Garten, um sich dort zu erlustigen; gern veranstaltet man da Spiele.

Cl. 29055 Laienz damoisele n'avoit,
Par les jardins ierent alees,
Si come en sont acostumee[s].
Esc. 14339 Aprez ce li baron laverent
et es vergiers jouer alerent
cil qui acostume l'avoient;
Esc. 16292 aprez souper jouer alerent
es vergiers et lor cors deduire;

Wie sehr man überhaupt den Garten liebte, geht au~~~ der Thatsache hervor, dass sich der Bel Escanor auf sei~~~ Manoir auch aus folgendem Grunde zurückzieht

21660 pour ce qu'il i avoit noble estre
et vergier mult bel et mult gent;

Burg und Stadt.

Vielfach siedelten sich unter dem Schutze der Burg Städte an; sie wurden ebenfalls mit Befestigungen umgeber~~~ und die Burg bildete die Citadelle. So mag der Sachverhal~~~ liegen:

Cl. 27375 Tant qu'une cite aprocherent,

vergl.

27564 Cil du chastel venir les voient;
Esc. 17800 et se la vile estoit bient close,
li chastiauz ert trop mix assez,

In den bei weitem meisten Fällen ist nur von Stadt und Palas, nicht ausdrücklich von einem chastel die Rede. Selbst wenn nun vollständige Burgen hier nicht vorliegen sollten, so können und konnten wir diese Palastbauten in den Kreis unserer Betrachtung ziehen, weil Anlage und Einrichtung derselben offenbar denen der Palasbauten der Burg gleich sind. Es sind in der Regel wohl nur zufällige Umstände, wie die geringere Begünstigung einer Residenz Seitens des Landesherrn, gewesen, welche eine Entwicklung des Palas zur Burg verhindert haben.

Natürlich können auch hier mehrere Palasbauten vorhanden sein, von denen die vorzüglichste mestre pales heisst.

Cl. 18909 Voient . . . . . .
. les hauz murs de la cite,
Voient pales, choisirent sales,
Cl. 7005 En Thoulouse, sa grant cite,
und 7599 Vers le mestre pales s'en vont,
Cl. 14619 Luiserne voient, la cite,
und 14990 Au mestre pales assemblereut,

Die Burg nimmt dabei die höhere, beherrschende Stellung ein.

> Cl. 11403 Une vile graut et pleniere
> Jert dessouz le chastel fermee
> Sor la riviere graut et lee.
>
> Durm. 10810 Li chastias siet sor roche haut,
> und 10818 Al pie de la roche seoit
> La cites

So kann es uns nicht Wunder nehmen, wenn Ritter, um zum Palas zu gelangen, den Weg durch die Stadt einschlagen.

> Cl. 872 Claris et Lairis trespasserent
> Par les rues,
> und 877 Vers la plus mestre forterece,
> Aus degrez les a fet descendre
> Puis les mena sanz plus atendre
> Au maistre pales droitement;
> Cl. 9188 Gaheriez par la cite
> S'en vet, qui est d'antiquite;
> Tout droit vers le pales s'avoie.
> Cl. 11408 En la vile entre toute voie,
> Tout droit vers le chastel s'avoie.

Wir haben schon gesehen, wie mehrere dieser Städte durch Ringmauern befestigt waren; auch der vorhin angeführte Vers Cl. 18910 gehört hierher.

Die Thore waren natürlich auch hier der schwächste Punkt der Vertheidigung, zumal der Umfang einer Stadt deren eine grössere Anzahl erheischte, wie man ersieht aus einer Stelle wie

> Cl. 7666 Quatre des portes ouvriront,

Besonders schwer war es da, sich vor Verrath zu schützen, welcher oft genug vorgekommen sein mag. Vergl. z. B.:

> Esc. 23678 et Ayglinz ses genz enmena
> qu'il ot a la porte defors,
> car venuz fu a poi d'effors,
> a la porte priveement,
> car entrer quida erranment
> dedenz, quant Yones vint la.

hier will Ayglinz durch Verrath in die Stadt eindringen.

Werden Burg und Stadt angegriffen oder belagert, so griffen die Bewohner der Stadt selbst zu den Waffen und konnten dann ihrem Herrn wesentliche Dienste leisten.

> Cl. 5151 Nes li bourgois et li ouvriers
> S'arment de gre et volentiers;

7

Esc. 10917 mais li chastelains auner
ot fait les homes de la vile
qui estoient prez de III. mile,
qui tuit a I. acort estoient.

Esc. 17810 et de bourjois tez XII. mile
qui chevauz avoient et armes,
lances etc.

und 17815 et trestout ce que il fausist
a conmun de genz qui vausist
sa vile garder et son cors.

Breite Strassen gefielen, besonders, wenn sie gepflastert waren, was damals im Norden noch zu den Seltenheiten gehörte.

Durm. 4399 Mesire Durmars regardoit
La vile qui trop bele estoit,
Car les rues sunt grans et lees,
Si estoient totes pavees.

Die Strassen sind nicht untereinander gleich, Artus benutzt eine der hauptsächlichsten Strassen, als er aus der Kirche kommt.

Esc. 8574 a Carlion en sont venues.
en une des plus maistres rues
ont encontre le noble roy,

Forain ist nach Tobler durch den Herausgeber des Claris missdeutet, der rue foraine im Glossar mit rue écartée erklärt.

Cl. 863 Parmi la grant rue forraine

Beleuchtet waren die Strassen Abends nicht; man suchte sich durch Wachs- und Talglichter, welche einem vorangetragen wurden, zu helfen. So möchte ich die folgende Stelle auffassen:

Durm. 8256 Del un ostel al autre vont
Li chevalier parmi ces rues;
Molt sunt les presses fors et drues,
Cant li uns vait l'autre veoir.
Maint cierge veissies ardoir
Et mainte chandoille porter,

In den Strassen, besonders grösserer Handelsstädte, herrschte lebhaftes Treiben. Schultz, Bd. I, S. 126, Anm. 11, hat eine anschauliche Schilderung desselben aus dem Claris mitgetheilt v. 853 und v. 863 (nicht 353 und 363, wie aus Versehen dort steht). Eine andere steht im Escanor; da sieht man die Waaren der Tuchhändler: schwarzen, weissen, rothen Scharlach, d. h. eine Art des Wollenstoffs, blaugrüne und grüne Wollengewebe, Goldtücher, Samit, Cendal, einen leichte-

ren Seidenstoff, Camelot, einen leichteren Wollenstoff, gesteppte
Decken; daneben die Rauchwaaren der Pelzhändler, die Tische
der Wechsler und die Thätigkeit der Goldschmiede.

17864 riches escarlates vermeilles,
noires et blanches et sanguines
i trovissiez bien d'ausi fines
conme on trovast en nule terre.
et qui pers ou vert vausist querre
de Douai, de Gant ne de Lille,
on cercast bien en mainte ville
de Flandres, ainz c'on asenast
a meillors dras, etc.

17893 Les vairs, les gris et les hermines
et les penes riches et fines
de l'autre part retrovissies
et em pluisors liex veissiez
biauz dras d'or et nobles et cointes,
samis et riches coutes pointes
et cendauz d'Acre et d'Aumarie
et biauz camelos de Surie.

17884 mais bel se faisoit deporter
a regarder les beles tables,
les borgois biax et honerables,
qui as changes furent asis
ca II. ca III. ca V. ca VI., etc.

17901 D'autre part li orfevre furent
qui les riches pierres connurent
qu'il vendoient et achatoient;
et selonc ce qu'eles estoient
pluz beles et replendissanz,
plus dignes et pluz soffisanz,
selonc ce s'en (nach Tobler) entremetoient
et en pluz fin or les metoient
et miex les vendroient ainsi.

Die gewerblichen Produkte einer Stadt, wie die des
Landes überhaupt, kamen den Bewohnern der Burg zu Gute,
zum Theil vermuthlich in Form vorgeschriebener Lieferungen.

Cl. 27626 Li baron le chastel cercherent,
De tel drap assez i troverent,
Car en cel pais le faisoient;

Gewebe waren wohl auf der Burg immer vorräthig,
man vergleiche z. B. eine Stelle, wie

Cl. 29482 Le mesagier fet atorner
Et de riches dras aorner,

Bei besonderen Gelegenheiten giebt man der Stadt ein
festliches Aussehen. Man schmückt die Häuser mit Teppichen.

Wie das gewerbliche Treiben auf der Strasse, so erinnert
diese Sitte an südliche Lebensgewohnheiten. Das Bild der
Strasse war ein farbenreicheres, als es heut im Norden der
Fall ist. In diesem Streben nach Entfaltung von Farben
giebt sich eine sinnlichere Freude am Dasein, ein kräftigeres
Empfinden kund.

Cl. 15129 Les rues de la dite virent
Encortinees richemeut
Pour ennorer l'avenement
Lor nouvel seingnor, qui venoit;

Cl. 3634 Einsi chevauchent par les rues,
Qui toutes ierent portendues
De riches pailes de cendax
Et d'osterins emperiax;
Tant i avoit or et argent,
Qu'il lor estoit et bel et gent.

Das Gold und das Silber, von denen hier die Rede ist,
beziehe ich auf goldene und silberne Schmuckgegenstände,
welche man als Decoration verwendete. Man behängte damit
z. B. die Stricke, die von einem Hause zum anderen gezogen
waren. Schultz, Bd. I, S. 640.

Bei solchen festlichen Anlässen versäumte man nicht,
mit den Glocken zu läuten.

Cl. 16288 Sonnent li saint par la cite

Nebenbei sei bemerkt, dass der Antheil, welchen der
Bewohner der Stadt an der Herrschaft nimmt, sich nicht auf
diese Kundgebungen beschränkt; Freude und Leid der Herrschaft macht er zu der seinigen.

Als Claris in der Burg in einen todähnlichen Zustand
verfällt, heisst es

8039 Tant est la nouvele corue,
Que par la cite est seue;
Plorent dames, plorent puceles,
Plorent vallez et damoiseles,
Plorent bourgois et chevalier,
Plorent dames et escuier.

und als Claris wieder erwacht:

8188 Quant parmi la cite le sorent,
La grant doulor fu oubliee

Aehnlich, als Marine in todgleiche Ohnmacht fällt:

Cl. 19242 La iert li deuls trop grant tenuz
El pales et par la cite;

Endlich ist zu erwähnen, dass auch ein blosser Flecken unter dem Schutze der Burg liegen kann, denn diese Bedeutung scheint bourc in dem folgenden Falle zu haben:

> Cl. 13902 Vindrent au chastel droitement,
> Ne savolent pas l'errement
> Cil du chastel, ne s'en gardoient,
> Tant qu'enz el bourc entrer les voient.

Der Flecken zieht sich um die Burg herum

> 14322 Ne se savoient avoier
> De secours en nule maniere,
> Car par devant et par derriere
> Iert li bours, (mit Komma) richement fermez
> Et bien garniz de genz armez;
> Nule part n'en puecnt issir —

diese Auffassung scheint mir logischer, als wenn man par devant et par derriere auf li bours bezieht.

Was la plus mestre forterece betrifft,

> 13906 Claris tout droitement s'adrece
> Vers la plus mestre forterece,

so ist wohl das Kernwerk der Burg darunter zu verstehen, dessen sich Claris sofort zu bemächtigen gedenkt.

Schliesslich sei noch bemerkt, dass borc in weitestem Sinne „Ort" bezeichnet, wenigstens scheint mir diese Bedeutung vorzuliegen:

> Esc. 13347 a Carlion, el borc plus grant.

Herrn Professor A. Tobler erlaube ich mir an dieser Stelle meinen Dank auszusprechen für die Anregung zu dieser Arbeit, sowie für Hinweise und Rathschläge, welche er nicht müde geworden ist mir jederzeit gütigst zu Theil werden zu lassen und deren Spuren vielleicht weniger in den Einzelheiten, als in dem Geiste, in welchem die Arbeit abgefasst und in dem Interesse, mit welchem sie geschrieben wurde, zu suchen sind.

Index.

Inhalt:

Thesen.

I.

Die englischen Wörter queen und quean sind ihrer Etymologie nach nicht mit einander identisch. — Das o in scop ist als kurz anzusetzen.

II.

Die politische Deutung des ersten Gesanges des Inferno in Dante's Commedia ist als eine verfehlte zu bezeichnen.

III.

Die Darstellung der Pariser Gesellschaft in Zola's Romanen gewährt ein einseitiges, im ganzen unzutreffendes Bild derselben.

Vita.

Natus sum Alfredus Theodorus Guilelmus Borsdorf Potisdamiae die IX. mensis Aprilis anno h. s. LXV patre Guilelmo, quem superstitem veneror, matre Sophia e gente Vérone, quam praematura morte abreptam lugeo Fidei addictus sum evangelicae. Primis litterarum rudimentis imbutus. gymnasium reale Potisdamense per octo annos et sex menses frequentavi. Maturitatis testimonio instructus anno h. s. LXXXII in philosophorum ordine universitatis litterariae Berolinensis sum receptus. Quo facto ineunte vere anni h. s. LXXXV Genevae scholas praecipue litterarias audivi, insequenti hieme in Italia versatus sum, per bis sex menses Lutetiae in Collegio Franciensi et in illo instituto quod appellatur École des Hautes Études litteris operam dedi. Per quinquies sex menses universitatis litterariae Berolinensis civium numero adspriptus sum. Praeceptores mei praeclarissimi fuerunt: Berolini: Bashford, Bouvier, Bresslau, Dilthey, Geiger, Grimm. Horstmann, Lasson, Paulsen, Rœdiger, Rossi, Scherer, E. Schmidt, Schwan, Tobler, de Treitschke, Zeller, Zupitza; Genavae: Humbert, Ritter, Vaucher; in illis institutibus Lutetiae: Deschanel, Gilliéron, Maury, P. Meyer, Morel-Fatio, Nourisson, G. Paris, de Saussure.

Seminariorum anglici auspiciis Julii Zupitza per quater sex menses et romanensis illius professoris Lutetiae G. Paris per bis sex menses et nostri Adolfi Tobler per bis sex menses sodalis eram ordinarius.

Quibus omnibus optime de me meritis gratias ago maximas, imprimis autem Adolfo Tobler, G. Paris et Julio Zupitza, viris illustrissimis, qui summa cum benignitate studia mea adjuverunt.